新TOEIC® TEST
全力特急
絶対ハイスコア

濵﨑潤之輔

Kim, Dae-Kyun

TOEIC is a registered trademark of Educational Testing Service (ETS).
This publication is not endorsed or approved by ETS.

朝日新聞出版

編集協力	Team Terakoya	HBK 細田雅也

録音協力	英語教育協議会（ELEC） Howard Colefield 🇺🇸 Emma Howard 🇬🇧

はじめに——どうせやるなら全力で

 独学で990点満点を獲りました

　僕が英語に触れる機会は、大学受験以来2006年の間まで限りなくゼロ……ほぼゼロに近いものでした。

　大学では経済専攻だったので、1〜2年次の必修科目として、週に数回の講義を受ける以外は英語とは無縁。

　入学時には興味本位でESSの新入生勧誘について行ったこともありました。

　しかし、いきなりキング牧師のスピーチを暗誦しろと先輩に言われ、即日入会を断念したという苦い思い出があります。

　小さなあこがれを持っていた英語習得を、その時点で僕はあきらめてしまっていたのかもしれません。

　それでも、きっかけがあれば人は変われます。

　英語学習を始めたきっかけは、2006年の冬、偶然夜中にテレビで目にした、大西泰斗先生の『ハートで感じる英文法』の再放送でした。

　「未来形なんてない！」と力強くおっしゃる大西先生のお話にグイグイ引き込まれ、その後は大西先生が出された本・CD・DVDをすべて入手し、何度も読み返し、聴き返し、見返し続けました。

　それから半年くらいの間、僕は仕事以外の余暇・休日のほとんどの時間を大西先生の著作を読んだり、講義をテレビやDVDで見たりする時間にあてていました。

3

画面の中の大西先生は、毎回ていねいに楽しく・優しく講義をなさっていました。
　ところがある回で、大西先生が、目の覚めるような、背筋を伸ばさずには聞いていられないような一言をおっしゃったのです。それは『ハートで感じる英文法 会話編』の最終回のエンディングでのことでした。
　大西先生は、僕たちにこんなメッセージを下さったのです。

よく、英語は簡単だと言う人がいます。
簡単な訳はないです。
それはもう、外国語なんだから。
そりゃ苦しいよ、勉強するのは。
だけど僕たちには武器があります。
その武器とは文法。
その文法を呼吸に変えていけば、
みなさんの会話はまだまだ伸びていきます。
頑張っていきましょう。

　TOEICに、まさにこれから対峙しようとしていた矢先に出会った、大西先生の情熱あふれるメッセージ。
　そのとき受けた衝撃が、今の僕をあらしめています。

　TOEICのための学習を始めてから目標の一つにしてきた990点満点を、僕は2010年に達成しました。
　必死にやらなければ、ほしいものは手に入りません。
　でも、必死に、本気でやれば、必ずそれを手にすることができます。
　あきらめそうな人、すでに一度あきらめてしまった人。
　絶対大丈夫です。
　生きている限り、いつでも始めることができるのです。

スコアアップは当たり前、その先の糧を

　ここ数年、「英語の社内公用語化」が話題になりはじめ、それを境に TOEIC の需要もますます増加しました。

　受験を義務付ける企業が増え、今や TOEIC のスコアが採用基準や入社後の基本給、昇進に反映されるのが当たり前の世の中です。

　実際に色々な企業や大学で講義を行うようになり、人生を大きく変える可能性のある TOEIC に必死に立ち向かう多くの人たちと、本気で向き合う機会をたくさんいただくようになりました。

　もちろん彼らの中には、会社の方針で嫌々受験させられている方もいらっしゃいます。

　たとえどんな理由であれ、本書を手に取ってくださったあなたは、730〜900点以上という、いわゆる「ハイスコア」を獲りたい方だと思います。

　きっかけは自分の望むものではなくても、TOEIC のための学習を続けていくうちに、少しずつ英文が読めるようになってきます。そして、聞いている英語の内容も理解できるようになってくるのです。

　すると、英語に対する苦手意識や抵抗感が徐々になくなっていき、それまで憧れだけはあったものの、なかなか踏み込むことのできなかった英語の世界への道が開けてくるのです。

　英語を使って仕事をする。

　字幕なしで映画を見る。

　洋書を楽しむ。

　TOEIC の学習をしっかりと進めていけば、必ずこれらがあなたの手の届くところにやってきます。

TOEICは、「合格」「不合格」の二択ではなく、各自の状況にあわせて目標設定をすることができます。
　努力が結果に変わったとき

「僕はやりとげた」
「私にもできた」

という大きな自信が生まれ、それがその次のステップに向かうための、大きな原動力となるのです。
　大人になると、目に見える形で努力が報われることは、決して多くはありません。
　その数少ないチャンスを、僕たち全員に与えてくれるのがTOEICなのです。

TOEICを受験し、その成功体験を人生の糧にできること。
最高に有意義なことだと僕は思います。
だから僕はこの本を書くことにしたのです。
「それを絶対にあなたに体感していただきたい」という思いをこめて。

濱﨑 潤之輔
(HUMMER)

もくじ

はじめに――どうせやるなら全力で ……………… 3

序章	全力で始めるために ……………………… 9
第1章	Part 3 & 4「解答の極意」………………… 25
第2章	Part 7「解答の極意」……………………… 83
第3章	Part 5 & 6「解答の極意」……………… 163
第4章	Part 1 & 2「解答の極意」……………… 199
第5章	全力特急特製「クォーター模試」……………… 223

おわりに――人生、今がベスト ………………… 338
正解一覧 …………………………………………… 341
解答用紙 …………………………………………… 343

コラム 全力で壁を超える勉強法

1 単語の覚え方 …………………………………………… 74
2 問題集の使い方 ………………………………………… 157
3 学習スタイルをつくりあげることの大切さ ………… 194
4 参考書 & 問題集は狭く・深くやる ………………… 220

🔊 音声ファイル ダウンロードの方法

リスニング問題に取り組むには、リスニングセクションの音源を収録した音声ファイル（MP3形式）が必要です。音声ファイルは、無料でダウンロードできます

🚍 ダウンロード手順

手順はいたって簡単です。

① パソコンを使って、以下のWebサイトにアクセスしてください。

http://publications.asahi.com/toeic/

② 『新 TOEIC® TEST 全力特急 絶対ハイスコア』のカバー画像をクリックしてください。

③ 「一冊まるごとダウンロード」をクリックしてください。

これで音声ファイルがダウンロードできますので、任意のフォルダに保存してください。ダウンロードされるファイルはzip形式です。

※ iPodやICレコーダーなど、任意の携帯プレーヤーを利用する場合は、パソコンにダウンロードした音声ファイルをコピーしてからご利用いただけます

🚍 おまけ

本番の試験で音声が流れるのはリスニングセクションだけですが、リーディングセクションの音声もダウンロードできます。ぜひ、音声を活用して英語力を高める練習もしてください。

序章

全力で
始めるために

壁を超える
ための
本当の方法。

全力で「出発」

 目標スコアは、全力で取り組まないと獲れません

TOEICは片手間にやって高得点が出せるほど、生易しいテストではありません。

ですが、きちんとテストに対応した方法で力をつけていけば、それに比例して確実にスコアが上がるようになっています。問題の傾向も問題の質も、ほぼ一定に保たれている「とてもきちんとしたテスト」だからです。

TOEICの学習を続けていると、誰もが壁にぶつかります。人により、何点の付近で壁にぶつかるのかは違ってきますが、特に730点以上のハイスコアを目標にして学習を続けている人たちは、必ず一度は壁にぶつかるものです。

本書では、その壁を超える方法を、**具体的に**伝授いたします。

壁を超える方法 1 質の高い問題を使って学習する

本書の問題

⇒ **厳選された本番さながらの問題です。**

韓国のTOEIC熱は、日本の比ではありません。韓国のある大企業の入社試験はTOEICの足きりラインが900点ということもあり、学生、ビジネスパーソンは目の色を変えて学習に取り組んでいます。TOEICの専門予備校は、朝の6時

台からオープンしています。

　公開テストの翌日朝7時から、前日のテストの復習講座を開いている学校もあります。

　問題を持ち帰ることのできないTOEICで、なぜそんなことが可能なのか。
　それは問題研究に関するシステムが、私たちの想像を超えるほど緻密に構築されているからなのです。
　優秀なネイティブを何人も手配して公開テストを受験させ、本番のテストの隅々までを精緻に研究し尽くしているのです。
　そのような事情の韓国TOEIC界にあって、本書の問題を作成してくださったKim, Dae-Kyun先生は、人気・実力とも圧倒的No.1の最強講師です。
　先生がつくってくださった**本書の問題は「本番そのもの」といって差し支えのない完成度**です。
　精選された掲載問題の質は、100%、最高のものであることを保証いたします。

　TOEICは、同じような問題を繰り返し出題する形式を保っているため、出題のポイントや使用される語彙がほとんど変わりません。そのため、しっかりと毎回受験し続け、研究し続けている一流講師の手にかかれば、**本番と見間違えるくらい質が高い問題を作成することができる**のです。
　また、出題のポイントや使用される語彙がほとんど変わらないのですから、本書に掲載したような良問を使って繰り返し学習することによってスコアが上がるのは自明のことなのです。

壁を超える方法 2 　良問はすべて自分のものにする

本書の問題

⇒ 問題文も設問も TOEIC 頻出語のみで作成されています。

繰り返しになりますが、とても大切なことなので項目を設けました。本番同様の良問を手に入れたとしても、それをやりっぱなしにしたままではもったいないです。

前述の通り、**問題文も設問も、一語たりとも無駄なところはありません。**

本書のすべてを吸収するつもりで取り組んでください。

解説ページには多数の語注を掲載しました。

僕がここ数年間蓄積してきたデータに基づき、**確実に覚えてほしい語句・表現に関しては何回も目にするようにしてあります。**

問題文、設問と選択肢に登場するすべての単語・表現をていねいにチェックし、データをもとに**「これは必須なので必ず覚えておいてほしい」と確信した語句・表現は、すべて語注として抜き出しました。**

さらにその抜き出した語句・表現の関連語で TOEIC に必須のものを、⇒マークや≒マークの後に掲載しておきました。

本書で用いられる記号表記

動 動詞　　**名** 名詞　　**形** 形容詞
副 副詞　　**前** 前置詞　　**接** 接続詞
⇒ 関連語　　≒ 類義語

| 壁を超える方法 3 | **難しいパートを攻略する** |

本書の構成

⇒ ハイスコアを狙う際に壁となるパートを
より充実させています。

　本書は、**現在600点～800点台の方が、730点～900点突破を目指すために特に必要なこと・大切なことに焦点を絞**りました。

　第1章がPart 3 & 4から始まっているのはそのためです。

　TOEICで、600点、730点をクリアされた方が、730点、860点以上のスコアを獲ろうとするときに壁となるパートが、Part 3 & 4そしてPart 7です。

　Part 1 & 2、Part 5 & 6は、勉強すれば、ある程度のスコアであれば獲りやすいパートです。

　下記は、目標スコア別のPart 1 & 2、Part 5 & 6の理想的な正解率です。

Part 1 & 2、Part 5 & 6：目標スコア別の理想的な正解率

　　　730点……8割
　　　860点……9割以上
　　　900点……9割5分以上

　おそらく600点以上のスコアを持っている方は、この四つのパートをある程度、実際に得点源としていることでしょう。

　まだこれらのパートで満足のいく点数を獲れていないようでも心配ありません。

　「特急シリーズ」をはじめ、ご自身にあった良い問題集をこなしていくことで、自力で正答率を確実に、比較的早く上げていくことができるからです。

ところがPart 3 & 4、Part 7は、自力でスコアを上げていくことが、非常に難しいパートなのです。

それでも本書が示す方法を全力でものにしていけば、必ず壁を超えることができます。

本書では、730点〜900点以上というハイスコアを目指す方が克服すべきパートに重きを置き、ていねいに扱うようにしました。

第1章「Part 3 & 4」⇒ 第2章「Part 7」⇒ 第3章「Part 5 & 6」⇒ 第4章「Part 1 & 2」という章立てになっているのはそのためです。

各章の内容は、すべて僕が実際に体感し、確実に成果が出せると断言できる方法ばかりです。

安心して取り組んでください。

Part 3 & 4とPart 7は、正解率を上げるための努力がいっそう必要なパートですが、**一度得意にしてしまえば、安定してハイスコアを取り続けることができるパートなのです。**

壁を超える方法 4　やる気を維持する

継続のコツ

⇒ **無理な計画を立てないこと。毎日こまめに続けること。**

やる気を維持するということは、毎日生えてくる雑草（やる気とは背反する雑念など）を刈り込む作業を続けていくことです。

毎日こまめに手入れをすれば良いのですが、しばらく放っ

ておくと、なかなか元の庭の状態に戻すことは難しくなってしまいます。

継続は力です。

勇気を持ち、日々真摯な気持ちでTOEICと向き合うことが大切です。

僕は990点をはじめて獲った当時の学習スタイルを、今も変わらず続けています。

当時は朝の通勤時間（片道約90分）を使って、模試のリーディングパート（100問）を行うことを基本にしていました。

朝7時台の都心に向かう地下鉄の車内は満員です。何とか問題を解くことはできるのですが、マークシートを塗りつぶすことまではできません。

そのため、電車内では問題を解くだけにとどめ、マークシートを塗りつぶす作業は会社に着いてから行うようにしていました。一度解いた問題なので、軽く目を通すだけですぐにどの選択肢を選んだのかを思い出すことができます。

駅のホームで電車を待っている時間はもちろん、エスカレーターに乗っている間でも問題を解くことは可能です。

ただし混んでいる駅の構内などで歩きながら模試を解くことは、周囲の方々の迷惑になりますのでやりません。車内でも極力周りの方たちには気を使い、脇を締め、自分のスペース内だけで学習できる態勢を整えるようにしています。

電車内で模試を解くことの利点は「どこの駅を通過するまでに何番の問題までは解こう」と意識することによって集中力が高まり、読解スピードを格段にアップさせていくことが

できるということです。「新宿に着くまでには、絶対にシングルパッセージは終わらせるぞ」というように、時間との戦いを常にセッティングすることができるのです。

本番ではリーディングの100問には、約65分（Part 5 & 6 = 15分、Part 7 = 50分）かけるように意識して問題を解き進めていますが、練習では Part 5 & 6 = 5〜6分、Part 7 は25分くらいで解けるように毎日練習を行っています。

当時は会社に到着するのが大体7:50〜8:10くらいでした。そこから始業時までの約40〜60分を使って、マークシートを塗って採点し、その後は復習を行っていました。行きの電車内だけで、毎日リーディングパートの100問をやることが可能でした。

まずは Part 5 だけはやってみること。そしてに慣れてきたら Part 6 もそこに加える。もしくは Part 7 のシングルパッセージだけは行きの電車の中で全問解いてみる、ダブルパッセージの20問だけでも解いてみる……。
いきなりすべてをやるのは大変ですが、**スコアが心底ほしいのであれば決して不可能なことではないはずです。**

無理な計画を立てない

前項では、僕の学習スタイルの一部をご紹介させていただきましたが、もちろん、ご自分のスタイルに合った方法でコツコツ続けることが何よりも大切です。

継続の秘訣は、絶対に無理な計画を立てないこと。

「毎日200個単語を覚える」とか「毎日3セットの模試を解く」といったような**高いハードルを、いきなり設置しないでください。**

ほぼ確実に挫折します。

無理せず確実にこなせるようなレベルの目標を立ててください。

「毎日10問は絶対に問題を解くぞ」というような、自分で達成できる目標を設置し、もし余力があれば明日の分の10問も解くようにするのです。

その10問を「勉強貯金」と僕は名づけています。

そうすれば「明日万が一勉強する時間が取れなかったとしても、明後日からちゃんとやれば大丈夫」という**心の余裕**をつくり出すことができるのです。

このような**「勉強貯金」**をつくっておくことによって自分を安心させ、常に**「自分は毎日しっかりと勉強をやれているぞ」という自信を持って過ごすのです。**

3日分の「勉強貯金」ができた!!

これを続けていくと、3日後、1週間後の分まで、勉強貯金がだんだんとつくれるようになってきます。

　結果、毎日の学習の絶対量が少しずつ多くなっていき、同時に精神的余裕も手に入れることができるのです。

　今でも僕は、だいたい1週間～2週間先の分の勉強量を貯金するようにしています。

　月のはじめには、10日～15日頃までのエクセルの表（学習記録管理にエクセルを利用しています）が（学習済みを表す）色で塗られています。

　1日あたりの適正学習量は人によって異なりますが、毎日学習を続けていくことによって自分のペースが必ずつかめてくるはずです。

モチベーションを操る

　どんなに優れた問題集や参考書を手にしたとしても、本人の前向きな気持ちがなければ目標達成は難しいです。

　ていねいでわかりやすい勉強法の本・モチベーションを持続させるための本が書店にはたくさん並んでいます（これはTOEIC関連書籍に限った話ではありません、いわゆる自己啓発書や、資格取得のための書籍まで含めた話です）。

　その中のいくつかを実際に手にとってみて、良さそうなものを購入して読んでみてください。

　何冊か読んでいくうちに、きっと自分の琴線にふれる本とめぐりあうことができるはずです。

　英語学習を日々がんばっている人たちの、ブログの学習記事を読むのも良いでしょう。日々努力を続けていても、ほとんどの学習者は必ずどこかで壁にぶつかります。

　もちろん僕もその中の一人でした。

　その壁を乗り超える過程を綴っている誰かの記事を読み、**悩み、苦しんでいるのは自分だけではないという共感を得る**のも良いでしょう。

　そこからもらえるパワーの大きさは、決して小さなものではないはずです。

　気持ちがしっかりしていれば、後はどうにでもなるのです。
やる気を維持し、日々の学習を怠らないように自分をコントロールすることが大切です。

学習計画を立てる

「**1週間の学習計画の立て方を教えてください**」という質問を、僕が講義を行っている大学や企業の生徒たち（400点台〜700点台の方が多いです）からよくいただきます。

730点突破を狙う方には「**2週間で1模試をこなすようにしてください**」とお伝えしています。この場合の1週間は、月〜土を指し、日曜日は予備日としています。

この模試の演習＋復習以外にも、**基本的には単語学習だけは毎日必ず続ける**ようにし、加えて**自分の弱点だと思われる部分の補強**を、適宜他の参考書や問題集を使って行うと良いでしょう。

🚋 730点突破用学習プランの例

1週目

- （月）— Part 1 No. 1〜5（5問）＋ Part 5 No. 101〜120（20問）の演習＋復習
- （火）— Part 2 No. 11〜25（15問）＋ Part 6 No. 141〜146（6問）の演習＋復習
- （水）— Part 3 No. 41〜55（15問）の演習＋復習
- （木）— Part 7 シングルパッセージの最初の5セットの演習＋復習
- （金）— Part 4 No. 71〜85（15問）の演習＋復習
- （土）— Part 7 シングルパッセージの残りの4セットの演習＋復習
- （日）— 予備日として、（月）〜（土）に学んだこと全般の復習および、こなしきれなかった問題の演習＋復習を行う

2週目

- (月) — Part 1 No. 6〜10 (5問) + Part 5 No. 121〜140 (20問) の演習 + 復習
- (火) — Part 2 No. 26〜40 (15問) + Part 6 No. 147〜152 (6問) の演習 + 復習
- (水) — Part 3 No. 56〜70 (15問) の演習 + 復習
- (木) — Part 7 No. 181〜190 の演習 + 復習
- (金) — Part 4 No. 86〜100 (15問) の演習 + 復習
- (土) — Part 7 No. 191〜200 の演習 + 復習
- (日) — 予備日として、(月)〜(土) に学んだこと全般の復習および、こなしきれなかった問題の演習 + 復習を行う

860点突破を狙う方には**「1週間で1模試をこなすようにしてください」**とお伝えしています。この場合の1週間も、月〜土を指し、日曜日は予備日としています。

🚃 860点突破用学習プランの例

- (月) — Part 1 (10問) + Part 5 (40問) の演習 + 復習
- (火) — Part 2 (30問) + Part 6 (12問) の演習 + 復習
- (水) — Part 3 (30問) の演習 + 復習
- (木) — Part 7 の No. 153〜180 (28問) の演習 + 復習
- (金) — Part 4 (30問) の演習 + 復習
- (土) — Part 7 の No. 181〜200 (20問) の演習 + 復習
- (日) — 予備日として、(月)〜(土) に学んだこと全般の復習および、こなしきれなかった問題の演習 + 復習を行う

900点突破を狙うのであれば**「月〜金まで毎日模試を、リスニングかリーディングのどちらか1セット（100問）を解き、復習を行ってください」**とお伝えするようにしています。週末の2日間は、月〜金の予備日として使うのです。

ただし、1日100問の演習＋復習は、すでにかなりレベルの高い800点台の学習者の方であっても、実施時間＋復習時間だけで、1日2〜3時間は学習時間を確保しなくてはなりません。

通勤時・通学時、会社のお昼休みなどを総動員し、それに加えて自宅でも1時間は学習時間を取る必要があります。

ですが、あなたなりの方向性が決まっているのであれば、一歩踏み出してください。徹底的に集中して勉強してください。少しでも早く目標スコアを達成することだけを考えてください。

必ず道は開けます。

本書の構成

本書の各章のご紹介を簡単にさせていただきます。

第1章　全力で壁を超えろ！ Part 3 & 4「解答の極意」

「要約リテンション」をマスターする方法を解説しています。設問 & 選択肢の先読みトレーニングを徹底的に行うことにより、Part 3 & 4 を得意パートにすることが可能です。

リスニングパートで495点満点を狙える力を養成することを目標にしましょう。

第2章　全力で壁を超えろ！ Part 7「解答の極意」

「正解回路をつくる方法」を解説しています。

「正解回路」とは、Part 7 を最短かつ合理的に、確実に解き進めるための「**一本の道**」です。

Part 7 は「**ベタ読み**」し、できる限り問題文を読んで正解の根拠を見つけるのが王道です。

通常の問題・NOT 問題の2パターンに対応できる自分だけの解答スタイルを、是非、この章の内容を参考にして身につけてください。

第3章　全力で壁を超えろ！ Part 5 & 6「解答の極意」

「品詞問題」と「文脈依存型問題」の2パターンの問題に対応する手順や、「**どこまで問題を理解し、復習をすれば良いのか**」の目安について書きました。

Part 6 に関しては、Part 7 と同様に「**正解回路**」の構築、時制問題の解法のヒント「**Delayed Clue**」などを取り上げました。

第4章 全力で壁を超えろ！ Part 1 & 2「解答の極意」

「要約リテンション」を中心に、Part 1 & 2で着実に正解を積み重ねていくためのアドバイスをまとめました。

第5章 特製クォーター模試

その名の通り、本来の模試の収録問題数の4分の1の分量（50問）で全パートをカバーしています。

このクォーター模試は、実力養成のためだけでなく、ご自身の**「解答スタイルの型づくり」**にもお役立ていただければ幸いです。

『全力特急』に収録されているすべての問題は、**名実ともに韓国 No. 1 TOEIC 講師であるキム・デギュン先生が作成**し、提供してくださいました。

解説は解法の手順を中心に据えたものにしてあります。
どのように TOEIC の問題を解いていけば良いのかをわかりやすく伝えることを大切にしました。
この本を通じて培った解答スタイルを『TOEIC テスト 新公式問題集』などを使って何回も試し、頭だけでなく体が覚えるレベルまで刷り込んでください。
そしてその「型」を日々の試行錯誤の中で、自分だけの唯一無二の頼れるものになるまで磨き上げてください。

第1章

全力で壁を超えろ

Part 3 & 4
「解答の極意」

「先読み」と
「要約リテンション」が
攻略のカギだ。

全力の「技」

　「絶対ハイスコア」……730点、860点、そして900点突破を実現するためには、Part 3 & 4を得意パートに変えることが必須です。リスニングパートで400〜495点を確実に狙える力を身につけてください。

　そのために、まず念頭におくべきは**「設問と選択肢を読む練習にすべてをかける」**ということです。

　たとえば、600点前後のスコアをお持ちの方の平均的なリスニングパートとリーディングパートのバランスは、リスニングがだいたい350点前後、リーディングが250点前後であることが多いと思います。

　リスニングで350点、もしくはそれ以上の高得点を獲れている方は、**単に音声を聴いて内容を理解するだけであればストーリー性のある Part 3 & 4の内容は大方理解できる**レベルに到達している場合が多いでしょう。

　ここからさらに一段階上のレベルに上がるためには、**音声を聴いて理解し、同時に設問・選択肢を読んで解答するスキルの養成が重要**となります。

　Part 3 & 4では、**ナレーションが始まる前に設問と選択肢を読んでおくことにより、どの部分をしっかりと聴き取る必要があるのかを把握することがとても大切**です。

たとえば、これが日本語の聴き取りテストだったとします。北は北海道から南は沖縄まで、すべての都道府県の明日の天気予報が日本語で流れるとします。

もちろん私たち日本人は、すべてを聴き取って理解することが可能です。

ところが、全国47都道府県すべての天気を、一度聴いただけで記憶することは、非常に難しいはずです。

すべての都道府県の天気予報が流れた後に「明日の愛媛県の天気は？」と質問された場合、愛媛県の天気が記憶に残っている人の数は決して多くはないはずです。

しかし、事前に「明日の愛媛県の天気は？」という質問がくることを知っていれば、すべての都道府県の天気予報を聴く必要はないのです。

そろそろ四国の天気だな、というときに音声に集中し、愛媛県の天気をピンポイントで聴き取っておくだけで、確実に正解できるからです。

やや極端な例を挙げましたが、ポイントを絞って聴くことの大切さをご理解いただけたかと思います。

では具体的にどのように設問と選択肢の先読みをするのかについて、ここから詳しく説明していきます。

みなさんには、Part 3 & 4を**「最も得意なパートです」**と胸を張って言えるようになってほしいのです。

Part 3 & 4 先読みはこうやる 基本編

日本語で

41. How many managers will attend the meeting?

(A) Three
(B) Six
(C) Nine
(D) Twelve

42. Where will the conference be held?

(A) In the board room
(B) In the meeting room
(C) In the restaurant
(D) In the library

43. What will be served at the conference?

(A) Coffee and cookies
(B) Water and cake
(C) Tea and bagels
(D) Cola and biscuits

※上記イラストの「指の使い方」に関しては、32ページの説明をご参照ください

> ① 設問×3（1セット）を、徹底的に無駄を省いた、可能な
> 限り簡単な日本語に訳してリテンションします
>
> ※リテンション＝記憶保持

　これを僕は**「要約リテンション」**と名づけました。

　リテンションというのは、**頭の中に内容を保持しておくこと**です。

　究極まで無駄を排除した**簡単な日本語**に、**「瞬間的に」**設問を訳し、音声が流れ始める直前まで頭の中で何回も唱えるのです。

　この41. 42. 43. の設問の訳を要約リテンションすると下記のようになります。

何人参加？ → 会議どこ？ → 何出る？
何人参加？ → 会議どこ？ → 何出る？
何人参加？ → 会議どこ？ → 何出る？
（会話の音声が流れ始めるまで、頭の中で繰り返します）

　managers や conference などの具体的な情報は、基本的にリテンションする必要がない場合がほとんどです。話題の中心になる場所（= banquet や meeting など）は、ほとんどの場合一つの会話に一つしか登場しません。よって、conference が出た時点で、それが話題の中心になることがほぼ確定するからです。

　Part 3の会話は最大二往復しかありません。なので、**大した情報量ではないと考え、過度に恐れないようにします**。頭の中に**保持する情報は、徹底的にシンプル**

に、そしてコンパクトにしてください。英文をきちんと読んで理解し、それを瞬間的にまとめるトレーニングを日々徹底的に行いましょう。

具体的には『**TOEIC テスト 新公式問題集**』の2セット分の **Part 3 & 4 の設問（120問）を、すべて瞬間的に内容を理解し、簡単な日本語に訳すトレーニングを行ってください。**

どれだけ無駄な部分を削ぎ落した日本語を一瞬でつくれるかがポイントです。

このトレーニングを続けることにより、設問の英文の意味を瞬間的に理解する力がつくだけでなく、「英語を英語のままで理解する力」が徐々に身に付いてきます。

What will be served at the conference? ⇒ 何会議で出る？

というトレーニングを続けることにより、徐々に途中の日本語が不要になってくることを体感できるはずです。What will be served at the conference? の意味をわざわざ考えなくても、そのまま理解できるようになるのです。

つまり、このトレーニングを進めると、**日本語を介さずに英文の音声を聴き取り、保持して解答できる**ようになれるのです。日本語での要約が必要ではなくなるときが必ず来ます。この**要約リテンション**をやればやるほどその次元に近づくことができるのです。

リスニングパートで高得点を、そして満点を狙うのであれば、リスニング力をつけるのと同時に、読解力と要約力を高める必要があることを、このトレーニングを通じて体感してください。

　このトレーニングは、短時間で、しかも音声がなくても行えます。スクリプトさえあれば、音声を出すことが難しい環境でもトレーニングをすることができるのです。

　隙間時間の有効活用に非常に適したトレーニングなのです。

2 音声が流れ始めたら、内容を理解することに99％集中します

　会話やトークの音声が流れている間は、問題用紙の設問と選択肢に目をやるようにしますが、**選択肢を読んではいけません。「文字がまるで画像であるかのような」意識を持って眺める、目をやるだけにします。**

　設問の内容はすでに先読み時に理解してあるので、選択肢に目をやっておくだけで音声の内容と正解を一致させることが容易な状態になっているはずです。

　もちろん、そうすぐにはこの技術を楽に使いこなせるようにはならないでしょう。ですが、毎日何回も繰り返し練習すれば、必ず自分に最も適したタイミングで解答する方法が体得され、先読みを駆使した「解答の型」ができあがってくるはずです。

③ 正解がわかったら、選択肢の記号を指で押さえます

41. の正解が(B)だとわかった瞬間に、**左手の中指を(B)の記号の上（もしくは左横）におきます。**

次に42. の正解が(D)だと判断した時点で、**記号の上（もしくは左横）に左手の人差し指をおきます。**

同様に、43. の正解が(A)だとわかった時点で、**記号の上（もしくは左横）に左手の親指をおきます。**

中指、人差し指、親指が各設問の選択肢に固定された時点で（＝正解だと思う選択肢を三つ選び終えた時点で）、マークシートの解答欄に鉛筆の先でチョン、チョン、チョンとチェックをつけます。

音声を聴きながらマークを塗りつぶす余裕のある人は、正解がわかった瞬間に塗りつぶしても良いのですが、**少しでも音声への集中力を保ちたいのであれば、指を駆使してください。**

また、1セット（3問）が終了するたびにマークを完全に塗りつぶす余裕がある人以外は、その時間を次のセットの先読みに充ててください。

Part 3 & 4の60問すべてを解き終えた時点で、まとめて60個分のマークを塗りつぶすようにすると良いでしょう。

4 可能であれば設問だけでなく、選択肢の先読みまですべてやれるに越したことはありません。その場合、選択肢も最低限必要な部分だけを読むようにします

今回の場合、41. は選択肢が短いので読まずに見るだけ（目をやるだけ）でも良いでしょう。

42. の選択肢は、太字の部分を読むだけで十分です。Where〜? に対して board room だけしか答えなくても意味が通るからです。

42. Where will the conference be held?

    (A) In the **board room**
    (B) In the **meeting room**
    (C) In the **restaurant**
    (D) In the **library**

43. は、先読みをする時間が足りない場合には、太字の部分を読んでおくだけでも良いでしょう。

43. What will be served at the conference?

    (A) **Coffee** and cookies
    (B) **Water** and cake
    (C) **Tea** and bagels
    (D) **Cola** and biscuits

先読みすべき部分を瞬時に判断し、そこだけを徹底的に何回も読み、瞬間的に理解できるようにするトレーニングを繰り返し行ってください。

基本編では設問を日本語に変換し、リテンションしやすくする方法を紹介しました。

はじめてリスニングパートで495点満点を獲ったとき、僕はこの基本編の先読みの方法を使って問題を解いていました。

その後しばらく、数回満点を獲り続けていた頃も同様です。

これを繰り返しているうちに、徐々に日本語に訳さなくても英語を英語のままで理解できるようになり、最終的には日本語を一切介さないやり方に移行しました。

基本編のスタイルでも、リスニングパートの満点は十分に狙えます。

僕たちは日本語のネイティブなので、リテンションを目的とする場合には、日本語を活用する基本編の方法はかなり有効なのです。

「① 英語の設問を ⇒ ② 日本語に変換し ⇒ ③ 英語の音声を聴きながら解答する」というやり方を続けていくと、②のステップを経なくても、英語を英語のままで理解できる能力が徐々に身についてきます。

この基本編の先読みの方法を完璧にこなせる自信がついたら、次に紹介する完成編の練習に進んでみてください。

Part 3 & 4 先読みはこうやる 完成編

英語のままで

1 まずは設問を先読みします

41. How many managers will attend the meeting?

42. Where will the conference be held?

43. What will be served at the conference?

2 次に、設問と選択肢をセットで先読みします

完成編でも、読む必要がない部分は読みません。
たとえば二つ目の設問では、太字の部分だけを先読みします。
記憶に少しでも余裕を持たせ、その分音声に集中できるようにするためです。

41. How many managers will attend the meeting?

　(A) Three
　(B) Six
　(C) Nine
　(D) Twelve

42. Where will the conference be held?

　(A) In the **board room**
　(B) In the **meeting room**

(C) In the **restaurant**
(D) In the **library**

43. What will be served at the conference?

(A) Coffee and cookies
(B) Water and cake
(C) Tea and bagels
(D) Cola and biscuits

> ③ 再度設問のみを、音声が流れ始めるまで何回も繰り返し読みます

How many managers will attend the meeting?
Where will the conference be held?
What will be served at the conference?

How many managers will attend the meeting?
Where will the conference be held?
What will be served at the conference?

How many managers will attend the meeting?
Where will the conference be held?
What will be served at the conference?

以後、音声が始まるまで繰り返し頭の中で音読します。
　選択肢を読む余裕がない場合には、設問だけでも良いので3周程度を目安に繰り返します。
　何回も繰り返して読むうちに、「覚えよう」と意識しなくても、設問を覚えてしまうことができるはずです。

④ 音声が流れ始めたら、その内容を理解することに99％集中し、正解がわかった瞬間にマークします

3問とも解答を終えたらこのセットの問題はすべて終了、たとえまだ音声が途中であっても、次のセットの先読みに移ります。

慣れるまでは基本編同様、マークはチェックするだけにして、後で60問分のマークをまとめて塗りつぶすようにしても構いません。

以前は、新公式問題集の音声を、フリーソフトを使って1.5倍のスピードに変換し、それを使ってシャドーイングを毎日行っていました（SONYのWALKMANなら音声を変換する手間なく、手軽に速度を変えられるのでお勧めです）。

その効果として実感したのが**「先読みをするスピードが上がり、英文を読むスピードも上がった」**ということです。

このトレーニングを続けていくと、**音声と同じ速さで先読みができるようになります。**

1.1倍速から始め、徐々に速度を上げていくと良いでしょう。

今では三つの設問と、各設問それぞれにつき四つある選択肢全部、合計15個を音声が流れ始めるまでに最低3周（合計45個）は先読みができるようになりました。

繰り返しになりますが、**何が質問されるのか、その解答となる候補の内容は何であるのかを事前に把握しておくことは大きなアドバンテージになります。**

設問と選択肢の内容から音声の内容を推測し、「やはりその流れの話だったな」とか、「おお、そうきたか、裏をかかれたな」といった感じで、Part 3 & 4の音声を楽しめるようになるまで鍛え上げましょう。

最近は1.5倍速にまで音声を速くする必要性はないと考えるようになりました。あまり音声を速くし過ぎると細部の音が聞き取れなくなる場合があります。

　すると、以前解いたものと同じ問題を解く際などは、記憶と結びつけ「何となく」正解を選んで終わりにしてしまうおそれがあるのです。

　シャドーイングをする際の音声も1.2倍速〜1.4倍速あたりの速さで十分でしょう。最近は1.2倍速の音声を使用するようにしています。

　また、倍速音声を使用することによるプラスの面として、本来であれば45分間を費やさなければならないリスニングパートの演習時間を数分短くすることができるということが挙げられます。

　こうして捻出した時間を他のことを学ぶ時間に充てるようにしていきましょう。

質問のパターンとテーマを確認しておきましょう

　TOEICに出題される質問のパターンとテーマは、決して多い訳ではありません。

■ Part 3で出題される質問のパターン

　　広い質問　（正解のヒントが複数回登場）
- 会話の場所
- 話し手の職業
- 話題
- 問題点

狭い質問（正解のヒントが一度しか登場しない）

- 話し手は何を頼んでいるか
- 理由や原因
- 日付や時刻
- 交通手段
- 話し手の様子
- これから何をするのか

2 Part 4で出題されるテーマ

- 放送…………空港、駅、車内、閉店＆閉館、車内放送
- 広告…………割引、デパート＆スーパー、不動産関連
- 留守電………商品の到着＆配送の遅れ、商談、約束の変更、歯医者の予約関連
- ラジオ放送…交通情報、天気予報、有名人などのインタビュー、経済関連のニュース
- 人の紹介……表彰、引退、就任、企業の紹介
- トーク………ツアーガイド、研修、社内会議、イベント

質問のパターンとテーマは意識して覚えようとするものではなく、何度も模試や問題集を繰り返すことによって自然と身についてくるものです。

場面やテーマを瞬時に把握することができるようになれば、おのずと正解になり得る選択肢が見えてきます。

まとめ

これまでに紹介してきたことをまとめます。

Part 3 & 4の壁を超えるために必要なスキルの筆頭は**「先読みをする能力」**です。

問題を解かずに音声だけを聴き、Part 3 & 4の話の内容がつかめるでしょうか。

ほとんど理解できるようであれば、後は先読みを完璧に自分のものにして**「自分の型」**さえつくり上げれば、リスニングパートの満点も決して夢ではありません。

「話の内容の7〜8割はつかめる」というのであれば、純粋なリスニングのためのトレーニングと並行し、徹底的な先読みのトレーニングを積んでください。

「5〜6割しか話の内容がつかめていない」と感じるようでしたら、基本的なリスニングの関連書籍を一冊購入し、まずは基礎的なリスニングのトレーニングにできる限り多くの時間を費やすようにすると良いでしょう。

先読みの練習は音声がなくてもできます。
模試の設問と選択肢の先読み練習を**周りの人たちがあきれ返るくらい徹底的に何度も何度も繰り返し行ってください。**

その際最も大切なことは**「全力で行う」**ことと、**「最高の集中力で行う」**ことです。

お薦めの模試として、以下の三冊を挙げておきます。

- **『TOEIC テスト 新公式問題集 Vol. 5』**
  (ETS 著　国際ビジネスコミュニケーション協会)
- **『TOEIC テスト 究極の模試600問』**
  (ヒロ前田著　アルク)
- **『新 TOEIC テスト でる模試600問』**
  (ハッカーズ語学研究所著　アスク出版)

この『全力特急』で学んだことを、上記の**「3大 TOEIC 模試」**を使って徹底的に磨き上げていってください。

どれか一冊だけでもかまいません。

何回も何回も繰り返し使用する中で**「自分だけの解答の型」**を完成させてください。

　上記の『TOEICテスト 究極の模試600問』には、**「3回チャレンジ法」**という僕が900点を突破するきっかけとなった学習法がていねいに紹介されています。
　また、以下の本では「3回チャレンジ法」の肝となる**「2回目のチャレンジ後の復習」**をスムーズに実践できる方法がていねいに紹介されています。900点突破を狙っている学習者のみなさんに、僕が責任を持ってお薦めできる一冊です。

- **『3週間で攻略 TOEIC テスト900点!』**
（大里秀介著　アルク）

人の集中力はそう長く続くものではありません。
TOEICの学習に費やせる時間も限られています。
　時間がないときは、**ほんの10分間だけでも良いのです。その10分間だけは自分の持てる最高の力を出し切るつもりで、先読みの練習をやりましょう。**
　自分の持てる力を200%出し切る覚悟で練習をしてください。それを絶対に毎日続けてください。
　3週間も繰り返せば、驚くほど自分の先読み能力が進化していることに気づくはずです。

　音声が流れてくる前に、すべての設問と選択肢を何回も先読みできる能力を身につけること。
　これが730点～900点の壁を超えるために必要なリスニング対策なのです。

全力の「練習問題」

先読みトレーニング

Part 3 & 4の設問だけを、合計6セット分・18問用意しました。

このトレーニングを通じて、どの程度まで噛み砕いた日本語でリテンションをすべきなのかを体感し、それを確実に自分のものにしてください。

■ 次の設問をできる限り簡単な日本語にしてください。

Part 3

41. What type of business do the speakers work at?
42. What does the man ask about?
43. When does the man say he can go to the Palms?

44. What is the purpose of the man's call?
45. Where most likely does the women work?
46. What will the man probably do next?

47. What is the man interested in purchasing?
48. What is the problem?
49. What does the woman suggest the man do?

Part 4

71. Who is the message probably for?

72. What does the caller apologize for?

73. When does the caller plan to meet Ms. Palchuk?

74. What is being shown in the Coventry Historical Park?

75. What is said about the park?

76. Why are the listeners instructed to press "enter" on their audio device?

77. What has caused the bus delay?

78. When is the bus scheduled to depart?

79. What will passengers receive from the bus company?

解答・Part 3

41. 仕事何？ 42. 男性何尋ねた？ 43. 男性いつ行ける？
44. 電話の目的は？ 45. どこ？ 46. 男性何する？
47. 男性何買う？ 48. 問題何？ 49. 女性の提案何？

解答・Part 4

71. 誰宛て？ 72. 何謝っている？ 73. いつPalchukに会う？
74. 何見られる？ 75. 何言える？ 76. なぜenter押す？
77. 遅れの原因は？ 78. いつ出発？ 79. 客何もらう？

実戦トレーニング

「先読みトレーニング」で用意した設問に加え、選択肢もすべて揃えた実戦形式の問題を合計6セット分用意しました。

一気に6セットやるのも良いですし、パートごとに分けて3セットずつやるのも良いでしょう。

解く際に使用する先読みの方法は、日本語を介した先読みでも、英語を英語のままでリテンションする先読みでも、どちらでも構いません。

「自分だけの先読みの型」ができあがるまで、何度も試行錯誤を重ねてください。

自分のやり方に自信が持てるようになるまで愚直にやり続けることが成功の秘訣なのです。

Part 3

41. What type of business do the speakers work at?

(A) A museum
(B) A law firm
(C) A music school
(D) A train station　　　Ⓐ Ⓑ Ⓒ Ⓓ

42. What does the man ask about?

(A) The condition of an interior
(B) The price of insurance
(C) The location of a parking lot
(D) The availability of a service　　　Ⓐ Ⓑ Ⓒ Ⓓ

43. When does the man say he can go to the Palms Building?

(A) This afternoon
(B) Tomorrow evening
(C) This weekend
(D) Next week Ⓐ Ⓑ Ⓒ Ⓓ

44. What is the purpose of the man's call?

(A) To cancel a booking
(B) To request a refund
(C) To inquire about an address
(D) To request a delivery Ⓐ Ⓑ Ⓒ Ⓓ

45. Where most likely does the women work?

(A) At a restaurant
(B) At a theater
(C) At a doctor's office
(D) At a computer shop Ⓐ Ⓑ Ⓒ Ⓓ

46. What will the man probably do next?

(A) Check a website
(B) Contact some friends
(C) Consult a brochure
(D) Request a refund Ⓐ Ⓑ Ⓒ Ⓓ

GO ON TO THE NEXT PAGE

47. What is the man interested in purchasing?

(A) A pair of mittens
(B) A jacket
(C) A hat
(D) A sweatshirt

48. What is the problem?

(A) An item is unavailable.
(B) A price tag has been removed.
(C) Some merchandise was damaged.
(D) A product was not delivered.

49. What does the woman suggest the man do?

(A) Place an order online
(B) Visit another location
(C) Choose a different style
(D) Speak to a manager

Part 4

71. Who is the message probably for?

(A) An apartment manager
(B) A post office employee
(C) A loans officer
(D) An office receptionist

72. What does the caller apologize for?

(A) Not renewing a contract
(B) Missing a seminar
(C) Writing an incorrect address
(D) Failing to make a rent payment

73. When does the caller plan to meet Ms. Palchuk?

(A) This afternoon
(B) Tomorrow morning
(C) Tomorrow evening
(D) Next weekend

Ⓐ Ⓑ Ⓒ Ⓓ

74. What is being shown in the Coventry Historical Park?

(A) Vintage cars
(B) Antique buildings
(C) Famous sculpture
(D) Royal gardens

Ⓐ Ⓑ Ⓒ Ⓓ

75. What is said about the park?

(A) It has recently been renovated.
(B) It features a famous organ.
(C) It is free to enter.
(D) It is located in the city center.

Ⓐ Ⓑ Ⓒ Ⓓ

76. Why are the listeners instructed to press "enter" on their audio device?

(A) To begin the tour
(B) To pause the audio
(C) To adjust the volume
(D) To repeat an entry

Ⓐ Ⓑ Ⓒ Ⓓ

GO ON TO THE NEXT PAGE

77. What has caused the bus delay?

    (A) A traffic accident
    (B) Mechanical problems
    (C) Severe weather conditions
    (D) A road reconstruction

78. When is the bus scheduled to depart?

    (A) At 2:15 P.M.
    (B) At 3:00 P.M.
    (C) At 4:00 P.M.
    (D) At 4:30 P.M.

79. What will passengers receive from the bus company?

    (A) A discount on a future ticket
    (B) A free meal during the trip
    (C) A hotel certificate
    (D) A ticket reimbursement

実戦トレーニング 解答・解説

Part 3

(1)

Questions 41 through 43 refer to the following conversation.

Woman: Jeff, I just got back from the Palms Building on 3rd Street downtown. They have a space for rent which used to be a recording studio. ₄₁I think it would be a perfect location for our music academy.

Man: I drove by there last week. I love the old architecture, but ₄₂do you think that the walls have been properly altered so that very little noise escapes?

Woman: It looks very modern inside. I don't think that we would have a problem with noise complaints. Would you like to go see it with me now?

Man: I'm scheduled to teach piano lessons all morning. ₄₃How about in the afternoon?

41. What type of business do the speakers work at?

(A) A museum
(B) A law firm
(C) A music school
(D) A train station

42. What does the man ask about?

(A) The condition of an interior
(B) The price of insurance

49

(C) The location of a parking lot
(D) The availability of a service

43. When does the man say he can go to the Palms Building?

(A) This afternoon
(B) Tomorrow evening
(C) This weekend
(D) Next week

問題 41～43 は次の会話に関するものです。

女性：Jeff、繁華街の3番通りにある Palms Building からちょうど戻ってきました。Palms Building は以前収録スタジオとして使われていたレンタルスペースを所有しています。₄₁ われわれの音楽学校にとって最適な場所だと思います。

男性：先週そこのそばを通りました。古風な建物で良いですけど、₄₂ 建物の壁は音がほとんど漏れないようにきちんと改造されていますか。

女性：内装はとても新しそうでしたよ。騒音苦情によるトラブルが起こるとは思えません。これから私と一緒に建物を見に行きますか。

男性：午前中いっぱいピアノレッスンがあるんです。₄₃ 午後はどうですか。

41. 話し手はどんな業界で働いていますか。
 (A) 美術館
 (B) 法律事務所
 (C) 音楽学校
 (D) 駅

42. 男性は何をたずねていますか。
 (A) 内装の状態
 (B) 保険料

50　第1章　Part 3 & 4「解答の極意」

(C) 駐車場の場所

(D) サービスを利用できるか

43. 男性はいつ Palms Building に行くことができると言っていますか。
    (A) 今日の午後
    (B) 明日の夕方
    (C) 今週末
    (D) 来週

会話

- □ **rent** 名 賃貸　　□ **perfect** 形 完璧な
- □ **location** 名 場所
    ⇒ □ **Located in a business district** ビジネス街にあるため
- □ **architecture** 名 建築　⇒ □ **architect** 建築家
- □ **properly** 副 適切に　⇒ □ **proper** 形 適切な
- □ **alter** 動 変更する、改造する　⇒ □ **alteration** 名 変更
- □ **very little** ほとんど～ない　　□ **escape** 動 逃れる
- □ **complaint** 名 不平、不満　⇒ □ **complain** 動 不満を言う

設問・選択肢

- □ **firm** 名 会社　　□ **condition** 名 状態
- □ **insurance** 名 保険
    ⇒ □ **insure** 動 確実にする、保険を掛ける
- □ **parking lot** 駐車場　⇒ □ **park** 動 駐車する
- □ **availability** 名 利用できる可能性
    ⇒ □ **available** 形 利用可能な

解答・解説

41. 正解 (C)

女性が最初のセリフで I think it would be a perfect location for our music academy と述べているため、(C) の

51

音楽学校が正解となります。

our music academy を確実に聴き取れていれば正解できる問題です。

会話の出だしは聞きのがす可能性が高いにも関わらず、一つのセンテンスに2問分の正解の根拠が含まれることさえあります。

心を落ち着けて冷静に対応しましょう。

42. 正解 (A)

男性が最初のセリフで do you think that the walls have been properly altered so that very little noise escapes? と述べています。

建物から音が漏れていないかどうかを尋ねているため (A) が正解です。

alter (変更する、改造する) と escape (逃れる ⇒ そこから出ていく) という表現を覚えておきましょう。

so that は so that 以下の状況になるように、という意味です。

very little noise escapes は、直訳すると「ほとんどない騒音が逃げる」ですが、意訳すると「ほとんど騒音が逃げない」となります。

43. 正解 (A)

女性は二つ目のセリフで、これから建物を見に行こうと男性に声をかけました。しかし男性は午前中にレッスンがあるので空いていないため、How about in the afternoon? (午後でも良いですか?) と答えています。

従って (A) が正解になります。

(◀ 2)

Questions 44 through 46 refer to the following conversation.

Man: Hello, ₄₅I'm calling because I have a dinner reservation tonight, but one of my guests has fallen ill. ₄₄I'd like to cancel the reservation.

Woman: What time was the reservation for? Also, would you prefer to reschedule for another night instead? This is our busy season, so you may not be able to obtain a new reservation without some advanced notice.

Man: The reservation was for 7 P.M. ₄₆I had better check with my friends if they are available later this week. I'll have to call you back.

44. What is the purpose of the man's call?

  (A) To cancel a booking
  (B) To request a refund
  (C) To inquire about an address
  (D) To request a delivery

45. Where most likely does the woman work?

  (A) At a restaurant
  (B) At a theater
  (C) At a doctor's office
  (D) At a computer shop

46. What will the man probably do next?

  (A) Check a website
  (B) Contact some friends

53

(C) Consult a brochure
(D) Request a refund

問題 44〜46 は次の会話に関するものです。

男性: こんにちは。₄₅ 今夜の夕食の予約の件でお電話しています。参加予定者のうちの一人が病気になってしまいました。₄₄ 予約をキャンセルしたいのですが。

女性: ご予約は何時ですか？また、よろしければ別の日に予定変更されては如何でしょうか。今は当店の繁忙期でして、事前のご連絡をいただかないと新規のご予約が取れない可能性がございます。

男性: 予約は午後 7 時です。₄₆ 今週の後半の都合はどうか、友人と確認した方が良さそうですね。またご連絡致します。

44. 男性の電話の目的は何ですか。
    (A) 予約を取り消すこと
    (B) 払い戻しを求めること
    (C) 住所をたずねること
    (D) 配達を依頼すること

45. 女性はどこで働いていると思われますか。
    (A) レストラン
    (B) 劇場
    (C) 医師の事務所
    (D) コンピューターショップ

46. 男性はおそらく次に何をすると考えられますか。
    (A) ウェブサイトを確認する
    (B) 友人に連絡する
    (C) パンフレットをみる
    (D) 払い戻しを求める

会話

- **reservation** 名 予約 ⇒ □ **reserve** 動 予約する
- **fall ill** 病気になる
- **cancel** 動 取り消す ⇒ □ **cancellation** 名 取り消し
- **prefer** 動 好む ⇒ □ **preferable** 形 好ましい
- **reschedule** 動 スケジュールを変更する
- **instead** 副 代わりに ⇒ □ **instead of** ～の代わりに
- **obtain** 動 手に入れる
- **advanced** 形 事前の ⇒ □ **advance** 名 前進 動 前進する
  ⇒ □ **in advance** 前もって
- **notice** 名 お知らせ ⇒ □ **notify** 動 知らせる
- **check** 動 確かめる
- **available** 形 利用できる
  ⇒ □ **availability** 名 利用できること、入手の可能性

設問・選択肢

- **booking** 名 予約 ⇒ □ **book** 動 予約する
- **request** 動 要求する
- **refund** 名 払い戻し ⇒ □ **refundable** 形 払い戻し可能な
- **inquire** 動 問い合わせる ⇒ □ **inquiry** 名 問い合わせ
- **delivery** 名 配送、配達 ⇒ □ **deliver** 動 配送する
- **probably** 副 おそらく
  ⇒ □ **probable** 形 ありそうな、起こりそうな
- **contact** 動 問い合わせる
- **consult** 動 相談する、参照する
  ⇒ □ **consultant** 名 コンサルタント
  ⇒ □ **consultation** 名 相談

解答・解説

44. 正解 (A)

男性が最初のセリフで、参加予定者に病気になった者が出たため予約をキャンセルしたいと述べているので正解は (A) です。

I'm calling because〜や I'm calling to〜で始まるセリフの中に、電話を掛けた理由・目的が出てきます。

45. 正解 (A)

男性の最初のセリフに I'm calling because I have a dinner reservation tonight とあります。

女性の職場はディナーを提供している場所なので、選択肢の中で該当するのは (A) の a restaurant です。

46. 正解 (B)

What 〜 do next? の問題は、会話が終了した直後の状況に関するものなので、最後の話し手のセリフに正解の根拠があることが多いです。

男性の二つ目のセリフに I had better check with my friends if they are available later this week とあるため、(B) が正解となります。

(A) の選択肢は、check を使用することにより、会話中に出てきた check という単語を聴き取れはしたものの、文意は理解できなかった人を惑わすためのものです。

Questions 47 through 49 refer to the following conversation.

Man: Excuse me. 47 Do you have this hat in another color? I really like this style, but blue is just not for me. I think I would prefer it in black or brown.

Woman: I'm sorry, sir, but 48 that style has sold out in other colors. It's a very popular design this season.

Man: That's unfortunate. I rarely find hats that I like. Do you have any similar styles available?

Woman: Sorry, we don't. ₄₉You may want to check the Smithview Mall location of our store. It's less busy and usually has a lot of products left over from seasonal sales. It's possible that they have the color and style that you are looking for.

47. What is the man interested in purchasing?

(A) A pair of mittens
(B) A jacket
(C) A hat
(D) A sweatshirt

48. What is the problem?

(A) An item is unavailable.
(B) A price tag has been removed.
(C) Some merchandise was damaged.
(D) A product was not delivered.

49. What does the woman suggest the man do?

(A) Place an order online
(B) Visit another location
(C) Choose a different style
(D) Speak to a manager

問題 47〜49 は次の会話に関するものです。

男性：すみません、₄₇この帽子の違う色はありますか。この形がとても好きなんですが、青色は私にはちょっと似合わなくて。黒や茶色の方が良いと思うのです。

女性：申し訳ございません。その形ですと、₄₈他の色のものは売り切れとなっております。今シーズンとても人気のあるデザインです。

男性：それは残念です。気に入る帽子が滅多に見つからないんです。似たような形のものはありますか。

女性：ごめんなさい、ありません。₄₉Smith Mall にある当店店舗を確認されてみては如何でしょう。そこはここよりも客入りが少なく、通常ですとシーズンセールの売れ残りの製品がかなりおいてあります。お探しのお色と形の在庫があるかも知れません。

47. 男性が購入したいと思っているものは何ですか。
  (A) 手袋
  (B) ジャケット
  (C) 帽子
  (D) トレーナー

48. 問題は何ですか。
  (A) 商品が入手できない。
  (B) 値札がはずれてしまっている。
  (C) いくつかの商品が損傷した。
  (D) 商品が発送されなかった。

49. 女性は男性に何をするように勧めていますか
  (A) インターネットで注文する
  (B) 他の場所をたずねる
  (C) 違う型のものを選ぶ
  (D) 責任者と話す

会話

- □ **prefer** 動 好む ⇒ □ **preferable** 形 好ましい
- □ **sell out** 動 完売する
- □ **popular** 形 人気のある ⇒ □ **popularity** 名 人気
- □ **unfortunate** 形 残念だ ⇒ □ **unfortunately** 副 残念ながら
- □ **rarely** 副 めったに〜ない
- □ **similar** 形 同様だ ⇒ □ **similarity** 名 類似、似ていること
- □ **available** 形 使用できる
  ⇒ □ **availability** 名 利用できること
- □ **check** 動 確かめる
- □ **location** 名 場所 ⇒ □ **locate** 動 位置づける、置く
- □ **usually** 副 ふつう、たいてい
  ⇒ □ **usual** 形 ふつうの、たいていの
- □ **product** 名 製品 ⇒ □ **produce** 名 農作物 動 生産する
  ⇒ □ **production** 名 生産 ⇒ □ **productivity** 名 生産性

設問・選択肢

- □ **be interested in** 〜に興味がある
  ⇒ □ **interest** 名 関心、（複数形で）利益
- □ **purchase** 動 購入する   □ **mitten** 名 手袋
- □ **item** 名 製品、商品、記事
- □ **unavailable** 形 手に入らない、利用できない
- □ **remove** 動 取り外す   □ **merchandise** 名 商品
- □ **damage** 動 損傷を与える
- □ **deliver** 動 配達する、配送する
  ⇒ □ **delivery** 名 配達、配送
- □ **place an order** 注文する ⇒ □ **put an order** 注文する
- □ **choose** 動 選ぶ

解答・解説

47. 正解 (C)

男性の最初のセリフに Do you have this hat in another color? とあるため、(C) が正解です。

in white のように「〜色の」は前置詞の in を使います。

このようなストレートな問題も本番では数問出題されます。

48. 正解 (A)

女性は最初のセリフで that style has sold out in other colors (他の色は在庫切れです)と伝えています。

正解は hat を an item というように一般化・抽象化して言い換えた (A) になります。

一般化・抽象化とは、より大きな・広いカテゴリーのものに言い換えることです。

これは、piano を instrument (楽器)と言い換えたり、dog を animal と言い換えたりするようなことを指します。問題文中の contract (契約書)が、選択肢では document (文書)になったりするのです。

TOEIC ではこのような言い換えが頻出するということを常に意識しておきます。

49. 正解 (B)

前もって、女性のセリフを注意して聴くように意識を向けておきます。

女性は二つ目のセリフで You may want to check the Smithview Mall location of our store と述べています。

Smith Mall = another location なので、(B) が正解です。

やはりここでも言い換えが登場しています。

Part 4

(◀ 4)

Questions 71 through 73 refer to the following telephone message.

Man: Hi, Ms. Palchuk. This is Brian Knutson. ₇₁I just moved out of suite 604 this past weekend. Last week, I had left you the forwarding address for my new place so that any remaining utility bills could be sent to me. ₇₂Unfortunately, I made a mistake when I wrote down my address. My new address is 21 Mulberry Drive, not 31 Mulberry Drive. I'm sorry if this has caused any inconvenience for you. ₇₃I'll stop by your office after 6 P.M. tomorrow when I finish work so that I can pay the bills. Hopefully I'll see you then.

71. Who is the message probably for?

(A) An apartment manager
(B) A post office employee
(C) A loans officer
(D) An office receptionist

72. What does the caller apologize for?

(A) Not renewing a contract
(B) Missing a seminar
(C) Writing an incorrect address
(D) Failing to make a rent payment

73. When does the caller plan to meet Ms. Palchuk?

(A) This afternoon
(B) Tomorrow morning
(C) Tomorrow evening
(D) Next weekend

問題 71 ～ 73 は次の電話のメッセージに関するものです。

男性：どうも、Palchuk さん。Brian Knutson です。71 先週末にスイートルーム 604 号室から退去しました。先週、公共料金の請求書を送って頂けるよう、新居への転送住所をお伝えしました。72 ですが、すみません、誤った住所を記してしまいました。私の新しい住所は Mulberry 通り 31 番ではなく、Mulberry 通り 21 番です。誤記によりご迷惑をおかけしていましたら申し訳ございません。請求の支払いをするために、仕事を終えたら 73 明日の午後 6 時以降にオフィスにお邪魔します。その時間にお会いできればと思います。

71. このメッセージは誰に向けられたものだと思われますか。
    (A) アパートの管理人
    (B) 郵便局の職員
    (C) 融資担当者
    (D) オフィスの受付係

72. 電話をかけている人は何を謝罪しているのですか。
    (A) 契約を更新しなかったこと
    (B) セミナーを欠席したこと
    (C) 誤った住所を記したこと
    (D) 家賃を払い損ねたこと

73. 電話をかけている人はいつ Palchuk さんと会いますか。
    (A) 今日の午後
    (B) 明日の午前中

(C) 明日の夕方
(D) 来週末

会話

- □ **leave** 動 残す
- □ **forwarding** 形 転送先の
  - ⇒ □ **forward A to B** AをBに転送する
- □ **remaining** 形 残りの、残っている
  - ⇒ □ **remain** 動 〜のままである
- □ **utility bill** 光熱費、水道代、
  - ⇒ □ **utilities** 名 (複数形) 公共事業、公共料金
- □ **make a mistake** 失敗する
- □ **write down** 書き留める
- □ **cause** 動 引き起こす (≒ □ pose)
- □ **inconvenience** 名 不都合、不便
  - ⇒ □ **inconvenient** 形 不便な
- □ **stop by** 立寄る (≒ □ drop in)
- □ **finish** 動 終える
- □ **hopefully** 副 うまくいけば、願わくは
  - ⇒ □ **hope** 動 願う ⇒ □ **hopeful** 形 見込みのある、有望な

設問・選択肢

- □ **probably** 副 おそらく
  - ⇒ □ **probable** 形 起こりそうな、ありそうな
- □ **post office** 郵便局　　□ **loans officer** 融資担当者
- □ **receptionist** 名 受付 ⇒ □ **reception desk** 受付
- □ **apologize for** 〜に謝罪する
- □ **renew** 動 更新する ⇒ □ **renewal** 名 更新
- □ **contract** 名 契約 動 契約する
- □ **miss** 動 参加しない、逃す
- □ **incorrect** 形 正しくない ⇒ □ **correct** 形 正しい
- □ **rent** 名 賃貸、賃貸料 動 賃貸する ⇒ □ **rental** 形 賃貸の
- □ **payment** 名 支払い ⇒ □ **pay** 動 支払う

解答・解説

71. 正解 (A)

トークの前半で I just moved out of suite 604 this past weekend. Last week, I had left you the forwarding address for my new place so that any remaining utility bills could be sent to me. と述べています。先週末に604号室を退去し、請求書の転送先を伝えたという内容から、(A) の apartment manager がメッセージの相手として最も適切であると言えます。

後半の内容（公共料金の残高の支払いが新居に届くよう、転送先の住所を書いておきました）が決定的な正解の根拠となります。

72. 正解 (C)

トークの中盤で Unfortunately, I made a mistake when I wrote down my address. と述べているため、住所を間違えて伝えてしまったということがわかります。

正解は (C) です。

73. 正解 (C)

電話を掛けた人がいつ相手に会う予定なのか。それに関する情報を待ち構えながら音声を聴きます。

I'll stop by your office after 6 P.M. tomorrow と、具体的な日時を伝えているのを聴き取ることができれば大丈夫です。

after 6 P.M. = evening なので正解は (C) です。

この問題も典型的な言い換えのパターンです。具体的な情報を大きな括りで言い換えた選択肢になっています。

(5)

Questions 74 through 76 refer to the following instructions.

Woman: Welcome to the audio tour of Coventry Historical Park. ₇₄This audio guide will provide you with information and interesting facts about each of the historical buildings on the tour, ₇₅including the famous Morton Theatre which houses the biggest pipe organ in the country. ₇₆When you are ready to begin, press the "enter" button and follow the numbered signs along the path. If you would like to hear an entry again, just type the number from the corresponding sign into your key pad.

74. What is being shown in the Coventry Historical Park?

(A) Vintage cars
(B) Antique buildings
(C) Famous sculpture
(D) Royal gardens

75. What is said about the park?

(A) It has recently been renovated.
(B) It features a famous organ.
(C) It is free to enter.
(D) It is located in the city center.

76. Why are the listeners instructed to press "enter" on their audio devices?

(A) To begin the tour

(B) To pause the audio
(C) To adjust the volume
(D) To repeat an entry

問題 74〜76 は次の説明に関するものです。

女性：Coventry Historical Park の音声ツアーへようこそ。74.この音声ガイドでは、75.この国最大のパイプオルガンを収蔵する有名な Morton Theatre を含む、ツアーで巡る歴史的建造物一つひとつの情報や興味深い事実を提供いたします。76.準備が整いましたら、"enter" ボタンを押し、通路沿いの番号サインを続けて押してください。音声をもう一度お聞きになりたい場合は、同じサインの番号をキーパッドに入力してください。

74. the Coventry Historical Park では何が展示されていますか。
    (A) 年代ものの車
    (B) 古風な建築物
    (C) 有名な彫刻
    (D) 王立の庭園

75. 公園について述べられていることは何ですか。
    (A) 最近改修された。
    (B) 有名なオルガンを呼びものにしている。
    (C) 無料で入場できる。
    (D) 街の中心に位置している。

76. 聞き手はなぜオーディオ機器の "enter" ボタンを押すように指示されているのですか。
    (A) ツアーを開始するため
    (B) 音声を停止するため
    (C) 音量を調整するため
    (D) 再度入場するため

会話

- □ **provide** 動 配る
  - ⇒ □ **provided that** 〜という条件で、もし〜ならば
- □ **historical** 形 歴史的な ⇒ □ **history** 名 歴史
- □ **including** 前 〜を含めて ⇒ □ **include** 動 含む
- □ **organ** 名 オルガン
- □ **ready** 形 準備のできた (≒ □ poised)
- □ **press** 動 押す   □ **follow** 動 従う
- □ **path** 名 道   □ **entry** 名 項目、入場、登録
- □ **corresponding** 形 相当する、対応する
  - ⇒ □ **correspond** 動 一致する、連絡する
  - ⇒ □ **correspondence** 名 一致
  - ⇒ □ **correspondent** 名 記者、通信員

設問・選択肢

- □ **vintage** 形 古くて価値のある
- □ **antique** 形 アンティークの   □ **sculpture** 名 彫刻
- □ **recently** 副 最近 ⇒ □ **recent** 形 最近の
- □ **renovate** 動 改装する ⇒ □ **renovation** 名 改装
- □ **feature** 動 呼び物にする ⇒ □ **featuring** 形 主役の、主演の
- □ **free** 形 無料の (≒ □ complimentary)
- □ **be located in** 〜にある ⇒ □ **location** 名 場所
- □ **instruct** 動 指示する
  - ⇒ □ **instruction** 名 指示
  - ⇒ □ **instructor** 名 インストラクター
- □ **device** 名 装置 ⇒ □ **devise** 動 工夫する
- □ **pause** 動 停止させる   □ **adjust** 動 調節する
- □ **repeat** 動 繰り返す ⇒ □ **repetition** 名 繰り返し
  - ⇒ □ **repetitive** 形 繰り返しの
  - ⇒ □ **repeatedly** 副 繰り返し

解答・解説

74. 正解 (B)

トークの前半で This audio guide will provide you with information and interesting facts about each of the historical buildings on the tour と述べられているため、historical buildings について知ることのできるガイドツアーだということがわかります。

historical buildings を Antique buildings と言い換えている (B) が正解です。

provide A with B は「A に B を与える」という意味です。

75. 正解 (B)

74. の正解の根拠が出た直後に including the famous Morton Theatre which houses the biggest pipe organ in the country と述べており、ガイドツアーでは国内最大のパイプオルガンを見ることができるということがわかります。

この house は動詞で「収納する、収容する」という意味です。

正解は (B) になります。

76. 正解 (A)

enter を押すと何が起こるのかについては、トークの終盤で When you are ready to begin, press the "enter" button and follow the numbered signs along the path. と述べられています。

ツアーを開始する準備ができたら enter を押してください、とのことなので、正解は (A) の To begin the tour です。

numbered signs は「数字のついた標識」です。

(◀ 6)

Questions 77 through 79 refer to the following announcement.

Man: Attention. This announcement is for all passengers awaiting Green Arrow bus number 381 from Ottawa to London. ₇₇Due to engine troubles, bus number 381 is no longer available. ₇₈Your new bus will be Green Arrow bus number 215, which leaves one hour later at 4:30 P.M. We are very sorry for this unexpected delay. To compensate for this inconvenience, ₇₉please accept a complimentary discount voucher good for 25% off your next Green Arrow bus ticket. You will receive your voucher upon boarding the bus. Once again, passengers for Green Arrow bus number 381 will now be taking Green Arrow bus number 215, leaving at 4:30 P.M.

77. What has caused the bus delay?

(A) A traffic accident
(B) Mechanical problems
(C) Severe weather conditions
(D) A road reconstruction

78. When is the bus scheduled to depart?

(A) At 2:15 P.M.
(B) At 3:00 P.M.
(C) At 4:00 P.M.
(D) At 4:30 P.M.

79. What will passengers receive from the bus company?

(A) A discount on a future ticket
(B) A free meal during the trip
(C) A hotel certificate
(D) A ticket reimbursement

問題 77 ～ 79 は次のお知らせに関するものです。

男性：Green Arrow バス 381 号 Ottawa 発 London 行きをお待ちのすべての乗客のみなさまにお知らせいたします。77.エンジントラブルの影響で、381号はご利用になれません。78.代わりのバスは Green Arrow バス 215 号になり、1 時間後の午後 4 時 30 分に出発いたします。想定外の遅延発生となり誠に申し訳ございません。ご不便をおかけするお詫びとして、79.次回のバスチケットご利用時のための 25% 割引券をお受け取りください。繰り返します。Green Arrow バス 381 号はこれより 215 号に変更となり、出発は午後 4 時 30 分となります。

77. バスの遅延を引き起こしたのは何ですか。
　　(A) 交通事故
　　(B) 機械の故障
　　(C) 悪天候
　　(D) 道路の再舗装

78. バスはいつ出発する予定ですか。
　　(A) 午後 2 時 15 分
　　(B) 午後 3 時
　　(C) 午後 4 時
　　(D) 午後 4 時 30 分

79. 乗客はバス会社から何を受け取りますか。
    (A) 将来のチケットの割引
    (B) 旅行中の食事サービス
    (C) ホテルの券
    (D) チケットの払い戻し

会話

- **announcement** 名 お知らせ ⇒ **announce** 動 知らせる
- **passenger** 名 乗客
- **due to** 〜が理由で
  (≒ owing to, thanks to, on account of, because of)
- **no longer** もはや〜ではない
- **available** 形 利用できる
  ⇒ **availability** 名 利用できること
- **leave** 動 出発する
- **unexpected** 形 予想外の
  ⇒ **unexpectedly** 副 予想外に、思いがけなく
- **delay** 名 遅延 動 遅らせる ⇒ **be delayed** 遅れる
- **compensate** 動 補償する
  ⇒ **compensation** 名 補償、給与
  ⇒ **compensate for** 〜をつぐなう、補償する
    (≒ make up for)
- **inconvenience** 名 不便 ⇒ **inconvenient** 形 不便な
- **accept** 受け入れる ⇒ **acceptance** 名 受け入れ
- **complimentary** 形 無料の (≒ free)
- **discount voucher** 割引券 (≒ coupon)
- **good** 形 有効である (≒ valid)
- **receive** 動 受け取る ⇒ **reception** 名 受け取り
- **board** 動 搭乗する ⇒ **boarding pass** 搭乗券

設問・選択肢

- **cause** 動 引き起こす (≒ pose)
- **accident** 名 事故
  ⇒ **accidental** 形 思いがけない、予想外の

- □ **mechanical** 形 機械の ⇒ □ **mechanic** 名 修理工、整備士
- □ **severe** 形 厳しい、激しい ⇒ □ **severely** 副 厳しく
- □ **condition** 名 状態、条件
  ⇒ □ **on condition that** ～という条件で
- □ **reconstruction** 名 再建設、再工事
- □ **be scheduled to do** ～する予定である
  (≒ □ be planned to do)
- □ **depart** 動 出発する ⇒ □ **departure** 名 出発
- □ **free** 形 無料の (≒ □ complimentary)
- □ **meal** 名 食事
- □ **certificate** 名 証明書 ⇒ □ **certify** 動 認定する
  ⇒ □ **certification** 名 認定書
- □ **reimbursement** 名 払い戻し ⇒ □ **reimburse** 動 払い戻す

解答・解説

77. 正解 (B)

バスの遅れの原因については、トークの前半で Due to engine troubles と述べています。これを言い換えた、(B) の Mechanical problems が正解です。

「機会系統の故障による乗り物の遅れのアナウンス」は、Part 4 の定番問題です。

78. 正解 (D)

いつバスが出発するかについては、トークの中盤で Your new bus will be Green Arrow bus number 215, which leaves one hour later at 4:30 P.M. と述べています。

万が一ここを聞きのがしたとしても、この問題では最後に再び Once again, passengers for Green Arrow bus number 381 will now be taking Green Arrow bus number 215, leaving at 4:30 P.M. とアナウンスされるのでリカバリーがきく問題です。

このように、2回も正解の根拠を教えてくれる親切な問題も時々あります。ですが、やはり確実に一つの根拠から正解を選択できるよう日頃からトレーニングしておきたいものです。

正解は (D) になります。

79. 正解 (A)

乗客が何を受け取るかについては、トークの中盤以降で述べられています。

please accept a complimentary discount voucher good for 25% off your next Green Arrow bus ticket とあります。

次回バスの乗車券を購入する際に、25%OFFになるクーポン券をもらえるとのことなので、正解は (A) です。

Part 4では、お客さまへのお詫びとしてこのようなクーポン券の配布、無料の宿泊サービスなどを提供する場面が頻繁に登場します。

全力で壁を超える勉強法 ❶
単語の覚え方

　以下にご紹介するのは、僕がTOEICに特化した学習を開始してから、初受験で790点を獲るまでに使用した参考書・問題集です。今でも十分に使用に耐えうる、基礎力をしっかりとつけることができる定番のものばかりです。

『単語王2202』
（中澤一著　オー・メソッド出版）

『単語王2202フラッシュ・リスニングCD』
（中澤一著　オー・メソッド出版）

『はじめて受けるTOEICテストパーフェクト攻略』
（松野守峰、根岸進著　ピアソン桐原）

『TOEIC TEST英単語出るとこだけ！』
（小石裕子著　アルク）

『TOEIC TESTリスニング出るとこだけ！』
（小石裕子著　アルク）

『TOEIC TEST英文法出るとこだけ！』
（小石裕子著　アルク）

『TOEICテスト新公式問題集』
（ETS著　国際ビジネスコミュニケーション協会）

※上記の問題集・参考書を使用して学習を開始、3ヵ月後にTOEIC初受験 ⇒ 結果：790点

　当時、自分はまだまだTOEIC学習に取り組めるレベルになってはいないと考えていたので（TOEICのことを全然知らなかった、わかっていなかった）、まずは大学受験用の単語集を一冊完璧に仕上げること、単語を発音できて意味が

わかるようにすることから学習を始めました。

用意した教材は**『単語王2202』**と**『単語王2202フラッシュ・リスニングCD』**の2点です。

評判の良い**『Duo3.0』**と**『単語王2202』**のどちらにすべきか迷ったのですが**『単語王2202』**を最終的に選んだ理由は、**インターネット上で無料の単語テストを受けられるから**です。

単語の意味を三択で示された日本語の中から選ぶだけなのですが、全国ランキングもあり、常時100,000人前後の学習者が参加しています。

これを利用して、ゲーム感覚で**『単語王2202』**を進め、**『単語王2202フラッシュ・リスニングCD』**を毎日リピーティングしました。

最初の3カ月で2202個すべての単語を覚えられるペース(1日当たり新しい単語を30個覚える)で暗記を進めました。

具体的には、以下のように3日を一つのサイクルとして単語を暗記していきました。

1日目：1〜30番
2日目：1〜60番
3日目：1〜90番
4日目：31〜120番
5日目：61〜150番

同じ単語を3日連続でテストするペースで覚えていきました。

今思うと、ややゆったりとしたペースだったかな、とも感じるのですが、それでも毎日90個の単語テストをやっていたことになります。

また、**『単語王2202』**の暗記に関しては、僕の場合 "書く作業" は全くやりませんでした。

インターネットでテストを受けることができるということが、その一番大きな理由だったと思います。

もちろん単語を書いて覚えることが当然だと考える方も多いはずです。

大切なのは**「このやり方が自分には一番適しているんだ」と思えるやり方で続けていくこと**です。

紙に書いて単語を覚えていくというやり方をせず、エクセルに日本語の意味を打ち込むという方法でテストを行っていました（TOEICに特化した単語学習のところで紹介します）。

ここで、単語（『単語王2202』の場合）を暗記する手順をまとめておきます。

1. 単語を読んでその意味を言います

多義語の場合、一つの単語に対して複数の意味が記されていても、最初に書いてある意味のみを覚えます。

はじめのうちは一つの単語に対して一つの日本語の意味だけを、1対1対応で覚えていきます。

2. CDを聴いて発音練習をします

練習する回数は自由です。1日に1回でも良いですし、10回でももちろんOKです。「CDと同じような感じで発音できるな」と手ごたえを感じたら、そこで終了とするのも良いでしょう。

正しい発音を身につけようとする姿勢は大切です。ですが、あまり固執して時間を費やしすぎないようにしてください。

3. オンラインの単語王テストを利用し、約２カ月間毎日必ずテストを行います

１日のノルマ（90問）を全問間違えずに連続して正解できればその日は終了。

これらを継続することにより、3カ月弱で**『単語王2202』**を一通り覚えることができました。

一つの単語につき、一つの意味しか意味を覚えないことに関しては「そんなやり方で通用するの？」と思う方もいるかもしれません。しかし、心配せずに、自信を持って継続してください。

最初の目標は**『単語王2202』を一つの単語につき一つの意味（日本語）で良いから確実にすべて覚えることです。**

極力負担を減らし、継続できる状況を保ちましょう。

一冊の単語集を最後まで挫折せずにやり終えることができたという達成感を得られれば、それが学習意欲の維持につながります。

同じ単語集を、何回も何回も使い、その過程で他の意味も徐々に覚えていけば良いのです。

TOEIC学習を始める前の約半年間は、**大西泰斗先生の『ネイティブスピーカーシリーズ』**を一通り読み、**「イメージを持つ」**という考え方を知りました。

たとえば「hard＝ぐにぐにしない」というイメージがあるのですが、それが「ぐにぐにしない」⇒「固い」「だらだら・なよなよしない」⇒「一生懸命」という意味につながります。

多義語に関してはイメージを大切にするよう心がけています。

単語学習にイメージを取り入れ、さらに「文脈から意味を推測する」ことも心がけることにより、いざというときにおおよその意味をとらえることができるようになってきたと実感しています。

　たとえば、以前 Part 7 で出題された語彙（言い換え）問題で、clear の同義語を問うものがありました。正解の understandable を選ぶには、文脈からの推測・判断が必要です。

　問われていた部分は make it clear だったので「それを明らかにする ⇒ それを理解可能にする」となります。

　単に clear だけから understandable を選ぶことはなかなか難しいのですが**「単語に対するイメージを持つ」「文脈からの推測を優先する」**ことにより、Part 7 で出題される語彙問題の失点は皆無になりました。

　他にも capture ⇒ represent の言い換え問題が以前出題されましたが、この問題も単語単体での意味のみから解答するのではなく、文脈から判断すれば正解を選ぶことができる問題でした。

　『単語王2202』を一通りマスターした後も、インターネットを利用してのテストをしばらくの間続けていきました。

　そして、いよいよ TOEIC に特化した単語集に取り組み始めたのです。

『TOEIC TEST 英単語出るとこだけ！』
（小石裕子著　アルク）

　この本に収録されている630語をあらためてチェックしてみると、本当に TOEIC に出題されている単語ばかりで構成されている良書であることがわかります。

　CD の内容も充実しており、7週間で無理なく一冊を完成

させることができるという点でもお薦めです。

　僕はエクセルのA列に単語(英語)を、B列に意味(日本語)を630語すべて打ち込み、B列を表示しないようにして、C列に単語の意味をタイピングするという方法でテストを繰り返しました。
　その際、本に出ている意味(日本語)と全く同じ表現でタイピングできなかった問題はマーカーをつけて覚えなおし、1日分の単語をすべて間違えることなく正解できれば終了、それができなければ最初からやり直し、という具合に学習を進めていました。

　そして7週間かけて630語すべてを覚え、その後しばらくは1日に1週間分(90語)をテストし続けていました。
　反復により処理速度がどんどん上がっていくため、最終的には7週間分を1週間でテストできるようになりました。
　以下に再度、僕が行ってきた単語を覚えるための作業内容をまとめます。

1. エクセルに630語を打ち込みます
　A列に英語、B列に日本語を入力します。
2. B列を表示せずにC列に日本語を打ち込んでテストを行います
3. テスト終了後、B列を再表示し、B列とC列に全く同じ日本語が並べばその日のテストは終了です
4. まずは7週間かけて、1週間に90語ずつ覚えていきます
　進め方の例(後半の負荷を軽くし、より継続しやすくする)

　　　　　　1日目：1〜20番
　　　　　　2日目：1〜40番

3日目：1～60番
4日目：21～80番
5日目：41～90番
6日目：61～90番
7日目：81～90番

5. 630語を一通りマスターできたら、その後は毎日1週間分（90語）のテストを繰り返します

慣れてくると1週間で630語すべてをテストすることができるようになります。

「何周この本をまわしたか（周回したか）忘れてしまった」と言えるくらい、何回も何回も徹底的に一冊の単語集をやり尽くすのです。

そこまでやって、はじめて瞬時に使いこなせる語彙力が身に付くのです。

その後購入したTOEIC対策に特化した単語集は、すべてこのスタイルで覚えていくようにしました。

この方法が自分には一番しっくりきたからです。

PSS（英単語学習ソフト P-Study System）という、単語テストを自作できるフリーソフトの存在を知ってからは、それを使用して単語学習をすることが多いです。

今回のコラムでは語彙の習得においてやってきたことをまとめてみました。これが試行錯誤の上でたどり着いた、僕にとって最も納得できる・最も語彙力が身に付くと言えるやり方です。

みなさんも是非試行錯誤して、自分が納得できる方法で語彙力を高めていってください。

英単語学習ソフト P-Study System 公式サイト
http://www.takke.jp/

　語彙力の増強はやっておいて絶対に損はありません。必ず日々の学習課題の一つとして、単語学習を組み込むようにしてください。
　単語集を含めた最新のお薦め TOEIC 教材を、ブログ上で随時更新・公開しています。
　教材選びの際は、こちらをご参照いただければ幸いです。
　妥協なく・しがらみなく、僕が心底お薦めできるものだけをセレクトしてあります。

"確実にスコアアップできる!"
TOEIC 教材チャート
http://independentstudy.blog118.fc2.com/

第2章

全力で壁を超えろ

Part 7
「解答の極意」

自分の
「正解回路」を
つくる。

全力の「技」

自分の「正解回路」をつくる

世の中には様々な Part 7 攻略法がありますが、以下にご紹介するのは、試行錯誤の末編み出した、僕が**「最も合理的に、そして確実に Part 7 の問題を解く方法」と確信しているもの**です。

実際このスタイルを確立して以来、「Part 7 が自分の一番好きな、一番自信のあるパートである」と公言できるようになりました。

一番重要なのは、**「きちんと英文を読むことから逃げない」**ということです。その上で**「正確に速く」**解くことを目指します。「できるだけ読まないで、時間をかけずに解答する」というテクニックばかりに走っていると、正確さを維持できません。みなさんが目指すようなハイスコアは遠のきます。

読むべきところはきちんと読み、**読む必要のない部分は「読まずに見る」**こと。そして、**「自分が正解するための回路（正解回路）をつくり、解答の精度を上げるトレーニング」**をすることが大切です。

みなさんはハイスコアを目指していらっしゃる訳であり、ただ漫然と受験しているわけではありませんよね。

1問でも多く正解したいのであれば、少しでも正解率を上げられるように、効率よく正解を得るための作戦を立てるべきなのです。**TOEICは、無手勝流でハイスコアが獲れるほど生易しいテストではありません。**

目標スコアを獲るためには、それなりの準備が必要です。Part 7の正答率を上げるために一番効率の良い方法を、自分の頭の中に「正解回路」として構築しなければならないのです。

🚌

　実際の問題を使って、どのような手順で問題を解くことが「正解回路」の構築へつながるのかをご紹介します。

🚌

　自分の解き方の手順を確認するために、まずは普通に問題を解いてみてください。そしてそれを、後述する僕の「型」と比べてみてください。

Part 7 はこう解く　基本編

Questions 153 through 155 refer to the following e-mail.

To:	Ms. Signi <reception@pikefirm.com>
From:	Mr. Bell <troubleshooting@softwaregiant.com>
Subject:	Troubleshooting Customer Response
Date:	August 12

Dear Ms. Signi,

Thank you for your inquiry regarding the installation and usage of the scheduling software your company, Pike Law Firm, has recently purchased.

As you know, our software is designed to make the administration, scheduling and record-keeping of legal firms much easier for assistants and receptionists. I am aware, however, that the installation process may be a bit difficult.

To assist you, I have attached our comprehensive installation guide, as well as a question and answer document to cover any additional problems.

Once you have installed the software, please follow the set-up guidelines and watch the introductory tutorial in order to become familiar with how our software works.

If you are still having difficulty, please do not hesitate to contact me again. I can arrange for a technician to visit your office and provide a software demonstration at your convenience. This service is available at no additional charge.

Thank you again for your interest in our products.

Sincerely,

James Bell
Technical Support Agent
Software Giant Corporation

---

153. What is the main purpose of the e-mail?

(A) To sell some new services
(B) To respond to a customer request
(C) To organize a company event
(D) To request a meeting time

154. What is indicated about Ms. Signi?

(A) She has misplaced a client list.
(B) She is selling some equipment.
(C) She has requested a refund.
(D) She is employed at a law firm.

155. According to the e-mail, what has Mr. Bell attached?

(A) A price list
(B) A set of instructions
(C) A purchase invoice
(D) An invitation

解答・解説

問題 153 〜 155 は次の E メールに関するものです。

宛先：Ms. Signi <reception@pikefirm.com>
送信者：Mr. Bell <troubleshooting@softwaregiant.com>
件名：お客さまお問い合わせのトラブル対応
日付：8月12日

Signi さま

御社、Pike Law Firm さまが先日お買い上げになった 153スケジュール管理ソフトのインストール方法と利用方法に関してお問い合わせいただきありがとうございます。

ご存知の通り、154弊社のソフトウェアは管理、スケジュール管理、法律会社の記録保持等をアシスタントの方や受付の方がより簡単に行えるよう設計されております。

ご参考までに、155総合インストールガイドとその他の問題に対応するQ&A 資料を添付いたしました。

ソフトウェアをインストールされましたら、セットアップガイドに従ってください、また、ソフトの機能についてご理解いただくために、はじめにあるご利用案内をご覧ください。

引き続き問題点が出てくるようでしたら、お気軽に私までお問い合わせください。ご都合の良い日時に技術者を御社へ派遣し、ソフトのデモを行うよう手配致します。

重ねて、弊社製品へのお問い合わせいただきありがとうございました。

敬具

James Bell
技術サポート担当
Software Giant Corporation

153. E メールの主な目的は何ですか。
   (A) 新しい商品を売ること
   (B) 顧客の要請に答えること
   (C) 会社のイベントを企画すること
   (D) ミーティングの時間をたずねること

154. Signi さんについてどんなことが示されていますか。
   (A) 顧客リストを置き違えた
   (B) 機器を販売している
   (C) 払い戻しを求めている
   (D) 法律事務所に勤めている

155. E メールによると、Bell さんは何を添付していますか。
   (A) 価格表
   (B) 使用説明のセット
   (C) 購入分の請求書
   (D) 招待状

問題文

- **troubleshooting** 名 トラブルシューティング、トラブル解決作業
- **customer** 名 顧客
  ⇒ **customize** 動 特注生産する、カスタマイズする
- **response** 名 応答 ⇒ **respond to** 〜に応答する
- **inquiry** 名 問い合わせ ⇒ **inquire** 動 問い合わせる

- □ **regarding** 前 〜に関して（≒□ in regard to, with regard to, concerning）
    - ⇒ □ **regardless of** 〜にかかわらず（≒□ despite, in spite of）
- □ **installation** 名 インストール、取り付け
    - ⇒ □ **install** 動 取り付ける、組み込む、インストールする
- □ **usage** 名 使用 ⇒ □ **use** 動 使用する 名 使用
- □ **recently** 副 最近 ⇒ □ **recent** 形 最近の
- □ **purchase** 動 購入する
- □ **as you know** ご存じのように
- □ **be designed to do** 〜するようにデザインされている
- □ **administration** 名 管理
    - ⇒ □ **administer** 動 管理する
    - ⇒ □ **administrator** 名 管理者
- □ **legal firm** 法律事務所
    （≒□ legal office、law firm、law office）
- □ **assistant** 名 アシスタント
    - ⇒ □ **assistance** 名 援助、手伝い
- □ **receptionist** 名 受付係
    - ⇒ □ **reception desk** 受付、フロント
- □ **aware** 形 知っている、気づいている
    - ⇒ □ **be aware of** 〜を知っている、〜に気づいている、〜に注意
- □ **process** 名 過程
    - ⇒ □ **proceed** 動 進む、始める 名 収益
    - ⇒ □ **procedure** 名 手続き
- □ **a bit** 少々
- □ **assist** 動 手伝う、助ける
- □ **attach** 動 添付する
    - ⇒ □ **Attached be** 〜を添付しています
    - ⇒ □ **Enclosed be** 〜を同封しています
- □ **comprehensive** 形 完全な ⇒ □ **comprehension** 名 理解
- □ **A as well as B** AだけでなくBも
- □ **document** 名 書類 動 記録する

- □ **cover** 動 包括する ⇒ □ **coverage** 名 報道
- □ **additional** 形 追加の ⇒ □ **add** 動 加える
  - ⇒ □ **addition** 名 追加
  - ⇒ □ **additionally** 副 さらに、加えて
  - ⇒ □ **in addition to** 〜に加えて
- □ **once** 接 ひとたび〜すれば　□ **follow** 動 したがう
- □ **introductory** 形 最初の、初歩の
- □ **tutorial** 名 指導書、解説書 ⇒ □ **tutor** 名 家庭教師
- □ **in order to do** 〜するために
- □ **become familiar with** 〜に詳しくなる
- ⇒ □ **be familiar with** 〜に詳しい
- □ **work** 動 作動する　□ **still** 副 いまだにずっと
- □ **difficulty** 名 困難
  - ⇒ □ **have difficulty (in) doing** 〜するのが困難である
- □ **hesitate to do** 〜することをためらう
  - ⇒ □ **be hesitant to do** 〜とためらう
- □ **arrange for** 〜を手配する ⇒ □ **arrangement** 名 手配
- □ **technician** 名 技術者
- □ **provide** 動 提供する
  - ⇒ □ **provision** 名 供給 ⇒ □ **provided that** もし〜ならば
- □ **at your convenience** 都合の良いときに
  - ⇒ □ **convenient** 形 都合の良い
- □ **available** 形 利用できる
  - ⇒ □ **availability** 名 利用できること
- □ **additional** 形 追加の ⇒ □ **add** 動 加える
  - ⇒ □ **addition** 名 追加
  - ⇒ □ **additionally** 副 さらに、加えて
  - ⇒ □ **in addition to** 〜に加えて
- □ **charge** 名 料金 ⇒ □ **in charge of** 〜を担当している
- □ **interest** 名 関心、利息
- □ **product** 名 製品 ⇒ □ **produce** 動 生産する　名 農作物
  - ⇒ □ **production** 名 生産 ⇒ □ **productivity** 名 生産性
  - ⇒ □ **productive** 形 生産的な

設問・選択肢

- **main** 形 主な、メインの
- **purpose** 名 目的
  - ⇒ **on purpose** わざと、故意に（≒ purposely）
- **respond to** ～に回答する
  - ⇒ **in response to** ～に応えて
- **request** 名 リクエスト、要求
- **organize** 動 組織する、まとめあげる
  - ⇒ **organization** 名 組織
- **indicate** 動 示す、意味する   **misplace** 動 置き忘れる
- **client list** 顧客リスト ⇒ **clientele** 名 常連、顧客
- **equipment** 名 機器、装置
- **refund** 名 払い戻し ⇒ **refundable** 形 払い戻しのできる
- **employ** 動 雇う
  - ⇒ **employee** 名 従業員 ⇒ **employer** 名 雇い主
- **law firm** 法律事務所（≒ law office, legal firm, legal office）
- **price list** 価格表   **a set of** セットの
- **purchase invoice** 購入分の請求書
- **invitation** 名 招待状、招待

Questions 153 through 155 refer to the following e-mail.

To:	2⇒ Ms. Signi <reception@pikefirm.com>
From:	Mr. Bell <troubleshooting@softwaregiant.com>
Subject:	Troubleshooting Customer Response
Date:	August 12

Dear Ms. Signi,

153 Thank you for your inquiry regarding the installation and usage of the scheduling software your company, Pike Law Firm, has recently purchased. ⇒ 3

5 ⇒ As you know, 154 our software is designed to make the administration, scheduling and record-keeping of legal firms much easier for assistants and receptionists. I am aware, however, that the installation process may be a bit difficult. ⇒ 6

7 ⇒ To assist you, 155 I have attached our comprehensive installation guide, as well as a question and answer document to cover any additional problems. ⇒ 9

Once you have installed the software, please follow the set-up guidelines and watch the introductory tutorial in order to become familiar with how our software works.

If you are still having difficulty, please do not hesitate to contact me again. I can arrange for a technician to visit your office and provide a software demonstration at your convenience. This service is available at no additional charge.

Thank you again for your interest in our products.

Sincerely,

James Bell
Technical Support Agent
Software Giant Corporation

153. ❶⇒What is the main purpose of the e-mail?⇒❷

(A) ❸⇒To sell some new services
(B) To respond to a customer request⇒❹
(C) To organize a company event
(D) To request a meeting time

154. ❹⇒What is indicated about Ms. Signi?⇒❺

(A) ❻⇒She has misplaced a client list.
(B) She is selling some equipment.
(C) She has requested a refund.
(D) She is employed at a law firm.⇒❼

155. According to the e-mail, ❼⇒what has Mr. Bell attached?⇒❽

(A) A ❾⇒price list
(B) A set of instructions ⇒ このセットの問題が終了
(C) A purchase invoice
(D) An invitation

いかがでしたでしょうか（後ほど番号や矢印の意味を説明いたします）。もちろん、解法を何も意識せずに解いても正解を選ぶことはできますし、徐々に実力もアップしてはいきますが、効率よく確実にハイスコアを獲るために、是非とも下記の方法を試してみてください。

Part 7 の 基本　英文をベタ読みする

問題文、設問と選択肢に番号を振りました。僕が実際にこの問題を解く場合の視線の動き、頭の中で考えていることを各番号のところで、その都度紹介していきます。

後で再度、この番号の順番通りに同じ問題を読み進め、解き進めてみてください。

ハイスコア獲得のための Part 7 の鉄則は「ベタ読み」と「根拠探し」を徹底することに尽きます。

それでは、Part 7 を最も効率的に、そして確実に正答できる手順をご紹介します。

Part 7 を解き進めるための極意　「正解回路」の構築

① **設問を一つ読みます**
最初の設問を読みます。

② **問題文（長文）はベタ読みします**
問題文を上からベタ読みします。ベタ読みとは、飛ばし読みをしないことです。

③ **設問に解答するための根拠が見つかったら選択肢に進みます**

④ **根拠と選択肢を照合して正解をマークします**

問題文内の根拠と選択肢を照らし合わせて、正解の選択肢をマークします。

⑤ **次の問題の設問を読みます**

次の問題の設問を読み、③の時点で読み終えた、すぐ次の英文から再び読み進めていきます。

上記を繰り返し、そのセットの問題を一通り解答し終えたら次のセットに進みます。
では、これを実際の問題を使って解説します。

❶⇒～⇒❷は❶⇒～⇒❷の間をすべて読み進め、⇒❷の前まで読み終えたら❷⇒に進む、ということを示しています。

途中、何度か同じ場所を読むケースも出てきますが、あくまでも番号順に読み進めていってください。

読解の流れと解説

❶ まずは最初の設問を読みます。

ここでは選択肢はまだ読まないようにして、問題文に進みます。

設問を記憶しておく手段として、Part 3 & 4の先読み時に行ったように**「要約リテンション」**をすると良いでしょう。

この設問の場合だと**「目的何？」**になります。

2 文頭から問題文を読み進めていきます。

　このセットのようなEメールの文書の場合、@マークの前は読む必要がありませんが、**@マークの後ろには目をやっておきましょう**。ダブルパッセージの問題で二つの文書が両方ともメールの場合があります。それらのアドレスが、たとえば同一のドメインの場合「**同僚間・同じ会社内でのメールだな**」とヒントを得ることができるからです。

　Thank you for your inquiry regarding the installation and usage of the scheduling software your company, Pike Law Firm, has recently purchased. から「問い合わせに対する返事」であるということがわかります。usageは使用法のことです。スケジュール管理ソフトのインストールのやり方と使用法についての問い合わせがあり、それに対する返事です。

　すぐに**3**に進みます。

3 153. の選択肢を (A) から順番に確認していきます。

　(B) の respond to a customer request「客の要求に応答する」が正解であるとわかるので、この時点でマークシートの (B) を塗りつぶします。選択肢の (C) と (D) は確認程度に目をやるだけにして**4**に進みます。決して残りの選択肢の (C) と (D) が不正解である根拠を探すようなことのないように気を付けてください。

　「念のため」という気持ちはよくわかります。ですが、**正解と判断した選択肢をマークしたら、すぐに次の問題に進んでください**。

　他の選択肢が不正解である根拠をわざわざ探すのは時間のロスです。復習するときでしたらOKですが、**本番では時間をロスしないことが最優先です**。

4 ここでも設問だけを読んで内容を理解し、それをリテンションします。**「Signiの何わかる？」**と頭に叩き込み、問題文に戻ります。その際、**読み飛ばしがないように、きちんと5から読み進めていきます。**

5 our software is designed to make the administration, scheduling and record-keeping of legal firms much easier for assistants and receptionists とあるため、Signiさんが購入したソフトウェアは法律事務所で使用されるものだということがわかります。

6 154. の選択肢を (A) から読み進めていくと、(D) に「法律事務所に雇われている」とあるため、これが正解となります。

7 Part 7後半に登場する**ダブルパッセージを除き、基本的に「According to ～」の部分は読む必要がありません。**その後ろを瞬時に簡単な日本語に要約しましょう。この場合は**「Bell 何添付した？」**で良いでしょう。それをリテンションしつつ問題文の**8**に戻ります。

8 この部分に「インストールガイドと（質問に対する）回答集を添付した」とあります。
　すぐに155. の選択肢、**9**に進みます。

9 (A) は価格表、(B) に「インストラクションのセット」という表現が出てきます。この瞬間「ガイド＝インストラクション」であると判断し、(B) をマーク、選択肢 (C) と (D) には軽く目をやって確認するだけにしてこのセットは終了。
　次のセットへと進みます。

正解

153. (B)　154. (D)　155. (B)

Part 7はこう解く　基本編のまとめ

① 最初の設問を読み、簡単な日本語にしてリテンションします

Part 3 & 4と同様に、可能な限り簡単な日本語に訳し、それをリテンションしたまま問題文に向かいます。

② 問題文は基本的にすべてきちんと読み進めていきます

頭の中で英文をきちんと音読し、意味を確実にとっていくことが大切です。

ただしEメールのアドレスなど「明らかに読む必要がない」部分は、読むのではなく「見る」だけにします。

今回使用したサンプル問題は、きちんと段落ごとに分かれているので区切りがいいのですが、Articleのように一つの段落が長い文章の場合には「ここまでは一気に読むぞ」という判断を瞬時に行う必要があります。

DINE AT TERESA

With summer coming, the people of Millet are looking for more ways to enjoy the warm weather. One way is to soak up some sun is by trying one of the many restaurant patios around town. Millet has a variety of restaurants with outdoor seating to fit your tastes and budget. For French dining, try the brand new La Paris Café. This is a perfect place to enjoy fresh baked breads and tasty entrées while taking in the view of our beautiful city's skyline. If you're there for dinner, be sure to try the chef's specialty, maple-orange turkey. To enjoy a breathtaking view of the Torga River, head to Torga Terrace on Aspen Street. Torga Terrace is a traditional steakhouse that uses only the highest quality meats, and you'll find their filet mignon to be especially mouthwatering. Be sure to book ahead for a good spot on the patio, as tables are known to fill up quickly when the weather's nice. Finally, if you like your food spicy and exotic, try the Bangalore Garden Restaurant. Feast on one of their hot Indian curry dishes while inhaling the scents of their beautiful patio garden. Make sure to have water available, as some of their dishes are extremely hot! These are only a few of the many outdoor options available to you this summer here in the city of Millet. If you have any comments, or would like to recommend another restaurant, please feel free to contact me and I'll try to mention it in my next column.

99

目安として、設問が三つのセットであれば、問題文の3分の1くらいを一気に読んだうえで最初の問題の選択肢に進むという感じで良いでしょう。

　そのあたりのさじ加減は、日々のトレーニングを積み重ねる中で身につけていってください。

③ 設問の解答根拠だと思う箇所が現れたら選択肢を見ます

　選択肢の(A)から順番にチェックしていきますが、「(A)が確実に正解だ」と判断できた場合には、(B)〜(D)の選択肢の細かいチェックは不要です。

　その問題についてやるべきタスクは終了とし、次の設問に進んでください。

　くどいようですが、大切なことなので再度確認します。不正解の選択肢が不正解である根拠を考えているヒマはありません。どうしても気になるようでしたら、最後まで解答し終えた後で見直しをすれば良いのです。

　1秒でもいい、少しでもより多くの貴重な時間を捻出しながら解き進めなければならないのがTOEICのリーディングパートです。「解ける問題は速く解き、解けない問題にハマらない」ことが大切です。

④ 問題文は隙間を残さずに読み進めましょう

　問題を解き終えて次の問題を解答するために問題文に戻る際は、解答時に読み終えた部分の直後に戻って読み始めるようにしてください。

　たとえば、問題の解答根拠を第1段落の中盤に見つけた場合、まだ第1段落の英文は半分残ったままの状態です。

　「次の問題に正解するための根拠は、きっと次の段落に出てくるのでは」などと勝手な想像を働かせずに、きちんと第1

段落の中盤に戻って英文を読み進めていくようにしてください。

一つの段落に複数の問題を正解するための根拠がある場合もあります。チャートなどは別として、センテンスの集まりで構成されている部分はきちんと上から隙間を残さず読むようにしてください。

🚌

英文を読むスピードは繰り返し英文を読むことによって徐々に向上していきます。

ベタ読みしてもタイムオーバーにならない読解力・スピードを身につけましょう。そのためには、英文を読む時間・回数を増やすことが必須です。

特に900点以上を目指している方は、**「飛ばし読み」は逃げ**だと認識してください。意識レベルで逃げないこと・自分に負けないことが読解力向上には不可欠なのです。

その意識を持ったうえでコツコツとやっていきましょう。必ず結果はついてきます。

Part 7は上記①〜④の繰り返しです。テンポよく読み進めること・解き進めることに、是非慣れていってください。

では次に、上記の解き方とは別の方法が必要となる**「NOT問題」**の攻略法を確認していきましょう。

Part 7はこう解く　NOT問題

NOT問題だけは解く手順を変えます。

Part 7を合理的に解き進める基本は

> 1 設問を読む
> 2 問題文を読み根拠を見つける
> 3 選択肢に戻り解答する

という手順で解くことです。

ただ、一つだけ例外なのが NOT 問題です。

NOT 問題だけは以下の手順で解答してください。

> 1 設問を読む
> 2 選択肢をすべて読む
> 3 問題文を上から読み進め、選択肢と一致する内容が見つかり始めたら、選択肢と照らし合わせ一つひとつ消去していく

NOT 問題以外の問題の選択肢は、四つのうち三つが**「問題文に書かれていない、もしくは選択肢の内容が部分的に問題文の内容と異なる」**ようになっています。

つまり、**先に選択肢を読んでから問題文に進むという手順を踏むと、読む意味のない選択肢を先に読むことによる時間のロスが生じてしまうだけでなく、余計な先入観を持ったまま問題文を読むことにもなってしまうのです。**

たとえば、選択肢 (A) が正解の場合、設問 ⇒ 本文 ⇒ 選

択肢(A)という流れだけで正解が確定するため、(B)〜(D)の選択肢は読む必要がなくなります。選択肢を先に読む必要がない理由がご理解いただけたかと思います。

ところが、**NOT問題の選択肢は四つのうち三つが問題文の内容と一致しているため、先に設問と選択肢を読むことによって、問題文の一部の内容を予測することができるのです。**本文の内容を部分的に要約して前もって教えてくれる、大変ありがたい問題なのです。それを活用しない手はありません。

では**NOT問題を含んだダブルパッセージ**を使ってシミュレーションしてみましょう。

まずは、問題を解いてみてください。

Part 7はこう解く 完成編

Questions 181 through 185 refer to the following information and e-mail.

PORT SMITH CONVENTION CENTER EVENTS CALENDAR

Wednesday, January 9, 9:00 A.M.–3:00 P.M.
Smart Investments: Real Estate Seminar

Get professional investment advice from Michael Perrier on how to ensure a comfortable future. Attendees will learn about local and global housing markets, and be provided with tips and strategies for safe and profitable investments. Tickets are $20 per seat, and will be available at the door.

Saturday, January 19, 11:45 A.M.–1:15 P.M.
Networking Lunch

Get information on Port Smith's job market and connect with local businesses at this year's networking lunch. Representatives from over 45 businesses are expected to be in attendance.
Free admission.
(Business reps should have their booths set up by 11:30 A.M.)

**Saturday and Sunday, February 2–3,
8:00 A.M.–7:00 P.M. daily
International Trade Fair**

Don't miss Port Smith's annual trade fair with companies representing 18 different countries from around the world. Get product and service demonstrations, samples and discounts from a wide range of retailers.
(If you'd like to book a booth for your company, registration must be completed before January 15. Booths are limited, so don't delay!)

**Monday, February 11, 6:00 P.M.–9:00 P.M.
Effective Marketing Strategies**

Bestselling author Sasha Badke offers her advice on how to promote small businesses and what advertising mistakes to avoid. Tickets are $15 per seat and will be available at the door.

*Special notice to all committee members:
   Due to preparations for this year's trade fair, the February committee meeting will be cancelled. The next meeting will be held at the beginning of March.

E-Mail Message	
Date/Time:	Thursday, January 3 / 1:48 P.M.
To:	Susan Lee (susanlee@flashmail.com)
From:	Sid Grafton (sgrafton@portsmithconventions.org)
Subject:	Volunteer Requests

Hi Susan,

Thank you so much for becoming a volunteer with our center. As I mentioned in our phone call, the convention center has a lot of new events scheduled and we need as much help as we can get. I've worked out the details for the first few months of the year, and have made a list of tasks for you to help with if you're available.

The most urgent task we need to do is to contact a new speaker for the seminar coming next week. Michael Perrier was supposed to be hosting the event, but has had to cancel unexpectedly. Luckily, Ted Luntasa had also shown some interest in leading this seminar. Please contact him to find out if he is still available.

The second event we'd like your help with is on January 19th. We are hosting a community lunch and need someone to help organize booths for the local business representatives that will be attending.

Finally, I understand that you have some experience with website creation and maintenance. I would really appreciate it if you could put the new events calendar onto our site. If you have any ideas about how to update or improve the site, that would also be very helpful. If you are interested, I will send you the administrator login name and password.

Thanks again for offering your time to the convention center.

Regards,
Sid Grafton

181. What event requires advance registration?

(A) The real estate investment seminar
(B) The networking lunch
(C) The international trade fair
(D) The marketing strategies course

182. When will the networking event take place?

(A) From 9:00 A.M. to 3:00 P.M.
(B) From 11:45 A.M. to 1:15 P.M.
(C) From 8:00 A.M. to 7:00 P.M.
(D) From 6:00 P.M. to 9:00 P.M.

183. When will the next committee meeting most likely be held?

(A) On February 1
(B) On February 10
(C) On March 1
(D) On March 25

184. According to the e-mail, what might Ted Luntasa talk about in the seminar?

(A) Employment opportunities
(B) Housing markets
(C) Stock trading
(D) Internet advertising

185. What has Mr. Grafton NOT asked Ms. Lee to do?

(A) Work at the networking lunch
(B) Contact a potential speaker
(C) Update a website
(D) Change the date of a seminar

解答・解説

問題 181 〜 185 は次の情報と E メールに関するものです。

Port Smith コンベンションセンター催事カレンダー

1月9日　水曜日　午前9:00〜午後3:00
<u>184 賢い投資：不動産セミナー</u>
<u>Michel Perrier さんより、いかにして快適な将来を保証するかについ</u>
<u>て、プロの投資アドバイスを聞くことができます。</u>参加者は地域レベルから世界レベルの不動産市場に関する造詣を深め、安全で有益な投資のための知識を学ぶことができるでしょう。チケットは1席20ドルで、会場にて購入可能です。

182 <u>1月19日　土曜日　午前11:45〜午後1:15</u>
ネットワーキングランチ
今年度は、Port Smith 求人マーケットに関する情報を得られ、地元企業と交流の場を持つことができます。45社もの企業から代表者が参加します。

入場料無料
(各企業の代表者の方は午前11:30までにブースを立ち上げてください)

2月2日〜3日　土曜日と日曜日　各日午前8:00〜午後7:00
国際見本市
全世界から18か国もの国を代表する各企業が参加する Port Smith の見本市をお見逃しなく。製品やサービスの実演、様々な小売業者による各種サンプルや割引商品の提供などの特典がございます。
181 <u>(御社の出展のご予約をご希望でしたら、登録は1月15日までに完</u>
<u>了願います。ブースは限られておりますので、お急ぎください！)</u>

110　第2章　Part 7「解答の極意」

2月11日　月曜日　午後6:00～9:00
効果的なマーケティング戦略
ベストセラー著者のSasha Badkeさんより、いかに中小企業を宣伝するか、またどういった宣伝上の失敗を避けるべきかについてアドバイスをしていただけます。チケットは1席15ドルで、会場で購入可能です。

*実行委員会各位への特別通知
　今年の見本市の準備のため、2月の実行委員ミーティングは中止の予定です。次回のミーティングは3月の初めに開催予定です。

日付/時間：1月3日　木曜日　午後1:48
宛先：Susan Lee (susanlee@flashmail.com)
差出人：Sid Grafton (sgrafton@portsmithconventions.org)
件名：ボランティア希望

こんにちは、Susanさん

当センターにボランティアとしてご協力いただきありがとうございます。お電話で申し上げた通り、当コンベンションセンターではたくさんの新しい行事が予定されており、できる限り多くのご協力を必要としております。今年の初めの数カ月間の詳細や、ご都合がよろしければお手伝いいただきたい作業のリストを作成いたしました。

最も緊急で取り掛からねばならない作業は、来週のセミナーの新たな講演者と連絡をとることです。[184]Michael Perrierさんが同セミナーのホストをされる予定でしたが、思いがけずキャンセルせざるを得なくなってしまいました。幸いなことに、Ted Luntasaさんがセミナー進行に関心をお寄せくださいました。[185](B)彼と連絡をとって、まだ都合が良いか確認してください。

111

₁₈₅(A) 次にお手伝いいただきたいイベントは 1 月 19 日のものです。地域の方々の会食をホストする予定でして、参加予定となっている地元企業の代表者のブース設置にご協力を必要としております。

₁₈₅(C) 最後に、あなたがウェブサイト制作やメンテナンスの経験をお持ちであることを存じ上げております。新着イベントのカレンダーを当センターのサイト上に設置いただけたら大変ありがたいです。サイトをどのように更新、改善するかについてご意見をいただけましたら、非常に助かります。ご興味がおありでしたら、運営者ログイン名とパスワードをお送りいたします。

あらためて、当コンベンションセンターにご協力をお申し出くださりありがとうございます。

敬具
Sid Grafton

181. 事前登録が必要なイベントは何ですか。
    (A) 不動産投資セミナー
    (B) ネットワーキングランチ
    (C) 国際見本市
    (D) 市場戦略コース

182. 交流会はいつ行われますか。
    (A) 午前 9 時から午後 3 時
    (B) 午前 11 時 45 分から午後 1 時 15 分
    (C) 午前 8 時から午後 7 時
    (D) 午後 6 時から午後 9 時

183. 次の委員会はいつ開かれると考えられますか。
    (A) 2月1日
    (B) 2月10日
    (C) 3月1日
    (D) 3月25日

184. EメールによるとTed Luntasaさんはセミナーで、何について話すと考えられますか。
    (A) 雇用機会
    (B) 住宅市場
    (C) 株取引
    (D) インターネット広告

185. GraftonさんがLeeさんに頼んでいないことは何ですか。
    (A) ネットワーキングランチで働く
    (B) 出演の可能性のあるスピーカーに連絡する
    (C) ウェブサイトを更新する
    (D) セミナーの日付を変更する

問題文:情報

□ **smart** 形 賢い
□ **investment** 名 投資 ⇒ □ **invest** 動 投資する
□ **real estate** 不動産
  ⇒ □ **real estate agent** 不動産業者(≒□ realtor)
□ **ensure** 動 保証する
  ⇒ □ **ensure that** (that以下を)保証する
  ⇒ □ **assure 人 that** (人にthat以下のことを)保証する
  ⇒ □ **assure 人 of** (人にof以下のことを)保証する
□ **comfortable** 形 快適な
  ⇒ □ **comfort** 名 心地良さ 動 安心させる
□ **attendee** 名 参加者
  ⇒ □ **attend** 動 出席する ⇒ □ **attendance** 名 出席

- □ **be provided with** 〜が与えられる
- □ **tip** 名 ヒント
- □ **strategy** 名 戦略 ⇒ □ **strategic** 形 戦略的な
- □ **profitable** 形 利益になる ⇒ □ **profit** 名 利益
- □ **per** 前 〜につき
- □ **available** 形 入手可能である
  ⇒ □ **availability** 名 利用できること
- □ **networking** 形 人脈をつくるための
- □ **connect with** 〜とつながる
- □ **local businesses** 地元の企業
- □ **be expected to** 〜することが期待される
  ⇒ □ **expectation** 名 期待
  ⇒ □ **unexpectedly** 副 思いがけなく
- □ **in attendance** 出席して   □ **free admission** 入場無料
- □ **reps** 名 販売員 (≒ □ representative)
- □ **miss** 動 逃す   □ **a wide range of** 広範囲の、幅広い
- □ **retailer** 名 小売業 ⇒ □ **retail store** 小売店
- □ **registration** 名 登録 ⇒ □ **register for** 〜に登録する
- □ **complete** 動 完成する 形 完全な
- □ **delay** 動 遅らせる 名 遅れ ⇒ □ **be delayed** 遅れている
- □ **effective** 形 効果的な ⇒ □ **effect** 名 効果
- □ **bestselling** 形 ベストセラーの   □ **author** 名 著者
- □ **promote** 動 促進する、昇進させる
  ⇒ □ **promotion** 名 促進、昇進
- □ **avoid** 動 避ける
  ⇒ □ **avoidable** 形 避けられる
  ⇒ □ **unavoidable** 形 不可避の
- □ **notice** 名 通知 ⇒ □ **notify** 動 通知する
- □ **committee** 名 委員会 □ **be held** 開かれる
- □ **at the beginning of March** 3月のはじめに
  ⇒ □ **at the end of** 〜の終わりに

114　第2章　Part 7「解答の極意」

問題文：Eメール

- □ **work out** 動 成し遂げる
- □ **detail** 名 詳細 動 詳述する
- □ **available** 形 空いている、都合がつく
  - ⇒ □ **availability** 名 空いていること
- □ **urgent** 形 緊急の ⇒ □ **urgently** 副 緊急に
- □ **be supposed to do** ～することになっている
- □ **host** 動 主催する   □ **unexpectedly** 副 予期せず
- □ **luckily** 副 幸運にも   □ **interest** 名 関心、利息
- □ **lead** 動 主導する ⇒ □ **leading** 形 一流の
- □ **find out** 確かめる
- □ **representative** 名 販売員（≒ □ reps）
- □ **attend** 動 出席する
  - ⇒ □ **attendance** 名 出席 ⇒ □ **attendee** 名 参加者
- □ **finally** 副 最後に ⇒ □ **final** 形 最後の
- □ **experience** 名 経験 ⇒ □ **experienced** 形 経験豊かな
- □ **creation** 名 創造 ⇒ □ **create** 動 創造する
- □ **appreciate** 動 感謝する ⇒ □ **appreciation** 名 感謝
- □ **improve** 動 改良する ⇒ □ **improvement** 名 改良
- □ **administrator** 名 管理者
  - ⇒ □ **administration** 名 管理
  - ⇒ □ **administrative** 形 管理の

設問・選択肢

- □ **require** 動 要求する、必要とする
  - ⇒ □ **requirement** 名 要件、必要とされること
- □ **advance registration** 事前登録
- □ **real estate** 不動産
  - ⇒ □ **real estate agent** 不動産業者（≒ □ realtor）
- □ **investment** 名 投資 ⇒ □ **invest** 動 投資する
- □ **trade fair** 見本市、展示会
- □ **strategy** 名 戦略 ⇒ □ **strategic** 形 戦略的な
- □ **take place** 開催される、起こる（≒ □ be held）

- □ **committee** 名 委員会
- □ **likely** 形 〜しそうな ⇒ □ **be likely to do** 〜しそうである
- □ **be held** 開催される（≒ □ take place）
- □ **employment opportunity** 雇用機会
- □ **housing market** 住宅市場
- □ **stock trading** 株式取引
- □ **potential** 形 可能性のある、潜在的な

Questions 181 through 185 refer to the following information and e-mail.

❷⇒ PORT SMITH CONVENTION CENTER EVENTS CALENDAR

Wednesday, January 9, 9:00 A.M.–3:00 P.M.
⓫⇒ ₁₈₄Smart Investments: Real Estate Seminar

Get professional investment advice from Michael Perrier on how to ensure a comfortable future. ⇒⓬ Attendees will learn about local and global housing markets, and be provided with tips and strategies for safe and profitable investments. Tickets are $20 per seat, and will be available at the door.

❺⇒ ₁₈₂Saturday, January 19, 11:45 A.M.–1:15 P.M.
Networking Lunch ⇒❻

Get information on Port Smith's job market and connect with local businesses at this year's networking lunch. Representatives from over 45 businesses are expected to be in attendance.

Free admission.
(Business reps should have their booths set up by 11:30 A.M.)

**Saturday and Sunday, February 2–3,
8:00 A.M.–7:00 P.M. daily
International Trade Fair**

Don't miss Port Smith's annual trade fair with companies representing 18 different countries from around the world. Get product and service demonstrations, samples and discounts from a wide range of retailers.

181 (If you'd like to book a booth for your company, registration must be completed before January 15. Booths are limited, so don't delay!) ⇒ **3**

7 ⇒ **Monday, February 11, 6:00 P.M.–9:00 P.M.
Effective Marketing Strategies**

Bestselling author Sasha Badke offers her advice on how to promote small businesses and what advertising mistakes to avoid. Tickets are $15 per seat and will be available at the door.

*Special notice to all committee members:
Due to preparations for this year's trade fair, the February committee meeting will be cancelled. 183 The next meeting will be held at the beginning of March. ⇒ **8**

E-Mail Message

Date/Time:	⓾⇒ Thursday, January 3 / 1:48 P.M.
To:	Susan Lee (susanlee@flashmail.com)
From:	Sid Grafton (sgrafton@portsmithconventions.org)
Subject:	Volunteer Requests

Hi Susan,

Thank you so much for becoming a volunteer with our center. As I mentioned in our phone call, the convention center has a lot of new events scheduled and we need as much help as we can get. I've worked out the details for the first few months of the year, and have made a list of tasks for you to help with if you're available.

The most urgent task we need to do is to contact a new speaker for the seminar coming next week. 184 Michael Perrier was supposed to be hosting the event, but has had to cancel unexpectedly. Luckily, Ted Luntasa had also shown some interest in leading this seminar. ⇒ ⓫ 185 (B) ⓯ ⇒ Please contact him to find out if he is still available.

185 (A) ⓰ ⇒ The second event we'd like your help with is on January 19th. We are hosting a community lunch and need someone to help organize booths for the local business representatives that will be attending.

185 (D) **17**⇒ Finally, I understand that you have some experience with website creation and maintenance. I would really appreciate it if you could put the new events calendar onto our site. ⇒このセットの問題が終了 If you have any ideas about how to update or improve the site, that would also be very helpful. If you are interested, I will send you the administrator login name and password.

Thanks again for offering your time to the convention center.

Regards,
Sid Grafton

181. **1**⇒ What event requires advance registration? ⇒**2**

(A) The **3**⇒ real estate investment seminar
(B) The networking lunch
(C) The international trade fair ⇒**4**
(D) The marketing strategies course

182. **4**⇒ When will the networking event take place? ⇒**5**

(A) From **6**⇒ 9:00 A.M. to 3:00 P.M.
(B) From 11:45 A.M. to 1:15 P.M. ⇒**7**
(C) From 8:00 A.M. to 7:00 P.M.
(D) From 6:00 P.M. to 9:00 P.M.

119

183. ⓖ⇒When will the next committee meeting most likely be held?⇒❼

(A) On ❽⇒February 1
(B) On February 10
(C) On March 1⇒❾
(D) On March 25

184. According to ❾⇒the e-mail, what might Ted Luntasa talk about in the seminar?⇒❿

(A) ⓬⇒Employment opportunities
(B) Housing markets
(C) Stock trading⇒⓭
(D) Internet advertising

185. ⓭⇒What has Mr. Grafton **NOT** asked Ms. Lee to do?⇒⓮

(A) ⓮⇒Work at the networking lunch
(B) Contact a potential speaker
(C) Update a website
(D) Change the date of a seminar⇒⓯

では、シングルパッセージ同様、問題番号順に解き進めていきましょう。先ほどと同じく、**「濵﨑が読む順」**に従って番号が振ってあります。

　また、傾向としてダブルパッセージの問題は五つの設問が問題文と以下のように対応していることが多いので、知っておくと参考になるはずです。

> ダブルパッセージ：正解の根拠はどこにあるのか
>   1問目⇒上の文書
>   2問目⇒上の文書
>   3問目⇒上の文書 or 下の文書
>   4問目⇒下の文書 or 両文書参照型
>   5問目⇒下の文書 or 両文書参照型
> ＊同義語問題が毎回0〜3問の範囲で登場します

　では、順番に解いていきます。

読解の流れと解説

1 181. の最初の設問を読みます。
　選択肢は読まずに問題文に進みます。
　できるだけ簡単な日本語にしてリテンションするならば、この設問の場合だと**「予約が必要なイベントは？」**といった感じです。

2 文頭から問題文を読み進めていきます。
　ある程度先まで読み進めないと、この問題を正解するための根拠は見つかりません。

二つ目のイベントの説明の最後に、ようやく If you'd like to book a booth for your company, registration must be completed before January 15. という内容が登場します。
　これは International Trade Fair のイベントです。

3 181. の選択肢を (A) から順に確認し (C) をマーク、182. の設問に進みます。

4 When will the networking event take place?「ネットワーキングのイベントいつ？」を読んだ瞬間に、「あ、この根拠はすでに読み終えた英文に書いてあったな」と思い出せたでしょうか。

　問題文を読む際は、常に速く読もうとすることを心がけるだけでなく「このセットの問題を解き終えるまでは、内容をすべて頭の中に叩き込んでおく」という意識で臨むことが大切です。

> When will the networking event take place?

　二つ目のイベントが Networking Lunch だったことを思い出し、開催日時が Saturday, January 19, 11:45 A.M.–1:15 P.M. であることを確認、182. の選択肢に進みます。

5 (B) が正解であることを確認し、マーク。
　183. の設問に進みます。

6 When will the next committee meeting most likely be held?「**次の会議いつ？**」とリテンションし、問題文の**7**に戻ります。

7 一つ目の文書の最後まで読み進めていくと、The next meeting will be held at the beginning of March. が登場、**8**の選択肢に進みます。

8 183. の選択肢 (C) が正解だとわかるためマーク、(D) は目をやって確認するだけにして184. の設問に進みます。

9 **基本的に According to〜の部分は無視して構いませんが、ダブルパッセージの問題のときだけは、どちらの文書を参照するのかということを確認するようにしましょう。**

　この問題の場合はEメールを参照し、what might Ted Luntasa talk about in the seminar?「**Ted Luntasa 何話す？**」とリテンションして、二つ目の文書のEメールに進みます。

10 第2段落まで読み進めると Michael Perrier was supposed to be hosting the event, but has had to cancel unexpectedly. Luckily, Ted Luntasa had also shown some interest in leading this seminar. という部分に Ted Luntasa が登場します。

　彼は Michael Perrier の代役をすることがわかります。

ダブルパッセージの問題では「両文書参照型」のものが1セットにつき1〜2問ほど出題されます。

　Michael Perrier が最初の文書に登場していたことを思い出し、**11**に戻ります。

123

11 Smart Investments: Real Estate Seminar
Get professional investment advice from Michael Perrier on how to ensure a comfortable future. から、Ted が代役をやることになった Michael の話すはずだった内容は investment advice であることを確認し 184. の選択肢へ。

12 invest advice を言い換えた (C) の Stock trading を正解だと判断し、185. の設問に進みます。

13 What has Mr. Grafton NOT asked Ms. Lee to do?「Lee に頼んでないこと何？」とありますが、ここで NOT 問題の登場です。
　NOT 問題は設問を読んだ後、選択肢 (A)～(D) に進みます。

14 選択肢の内容は以下になります。**四つのうち三つが正しい情報なのですから、これを使わない手はありません。**
　(A) ネットワーキングランチで働く
　(B) 出演の可能性のあるスピーカーに連絡する
　(C) ウェブサイトを更新する
　(D) セミナーの日付を変更する
これら四つの内容を頭に叩き込んだ上で問題文に戻ります。
すでに読み終えたところの続きである**15**から読み進めていきます。

15 すぐに (B) の内容と合致する Please contact him to find out if he is still available. が出てきます。
試験本番では問題冊子・解答用紙に書き込みをすることが禁じられているため、工夫して **NOT 問題の不正解（＝本文に書いてあることと合致する選択肢）を一つずつ消去していか**

なくてはなりません。

その際のコツとして、僕は**「指を使う」**ことをお勧めします。

左手の薬指を (A)、中指を (B)、人差し指を (C)、親指を (D) に指定し、今の時点では (B) が不正解だと判断できたので中指を (B) の記号の上 (もしくは左横) におき、他の指はマークシートから浮かせたままにしておきます。

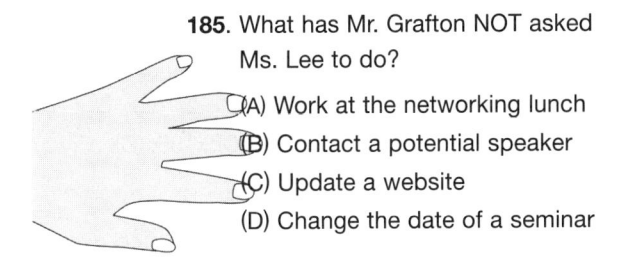

185. What has Mr. Grafton NOT asked Ms. Lee to do?

(A) Work at the networking lunch
(B) Contact a potential speaker
(C) Update a website
(D) Change the date of a seminar

16 問題文に戻って読み進めてくと、今度は The second event we'd like your help with is on January 19. We are hosting a community lunch and need someone to help organize booths for the local business representatives that will be attending. という、(A) の選択肢に合致する部分が現れます。

この瞬間 (A) が不正解であることを確認し、薬指を (A) の記号の上におくのです。

17 次の段落に Finally, I understand that you have some experience with website creation and maintenance. I would really appreciate it if you could put the new events calendar onto our site. という内容が現れます。

この部分が (D) の内容に合致すると判断し (C) をマーク、

このセットのタスクは終了です。

185.の (C) の選択肢の内容に関連することが本文に出てくるのか、もしくは出てこないのかを確認する必要はありません。

そのために生じてしまう時間のロスを省くため、そのセットの最後の問題の正解を選んでマークした後は、まだ読んでいない問題文の残りは一切読まずに次のセットの問題に進みます。

正解

181.(C)　182.(B)　183.(C)　184.(C)　185.(C)

全力の「練習問題」

実戦トレーニング

「**Part 7はこう解く**」で学んだことを、この実戦トレーニングを何回も繰り返す中で身につけていってください。

自分だけの**「正解回路」**をつくることができたら、常に同じ型通りに読み・解くことを心がけてください。スピードに、さらに加速がつきます。

Part 3 & 4の先読みの型づくりと同様、日々問題と格闘しながら試行錯誤を重ね、自分がしっくりくると思える方法を確立すること。それこそが Part 7攻略の鍵なのです。

Questions 156 through 158 refer to the following information.

MOREEN PARK ANNOUNCEMENT OF CANCELLATION

• • •

Due to a rainy weather forecast, today's Moreen Park Free Musical Performance, scheduled for 11:30 A.M., has been cancelled.

For those of you who have made the trip to see popular concert violinist Rosa Marche give a free performance at the band shelter, we are very sorry for the inconvenience.

Given the recent heavy rain and the predicted upcoming storm, park management has decided to cancel all free musical performances for the next ten days.

Weekly musical performances sponsored by the Bayview Symphony Orchestra are expected to resume on May 23.

For anyone interested in seeing a performance by Rosa Marche, she is expected to resume her free weekly performances on June 27 at 12:30 P.M. at the Moreen Park band shelter.

For more information about this and upcoming cancellations, please contact park management at (555) 333-0442.

(◀13) **156.** What is the main purpose of this information?

(A) To cancel an upcoming event
(B) To advertise a theater performance
(C) To announce a change of location
(D) To provide refund information

157. What is stated about Rosa Marche?

(A) She is employed at City Hall.
(B) She will perform in the near future.
(C) She is a popular public speaker.
(D) She will donate a valuable item.

158. What is noted about the Bayview Symphony Orchestra?

(A) It has hired a new composer.
(B) It will cancel next year's tour.
(C) It sponsors weekly performances.
(D) It sells tickets online.

GO ON TO THE NEXT PAGE

Questions 186 through 190 refer to the following article and e-mail.

SUMMER HOT SPOTS Page 4
by Cal Linden

With summer coming, the people of Millet are looking for more ways to enjoy the warm weather. One way to soak up some sun is by trying one of the many restaurant patios around town. Millet has a variety of restaurants with outdoor seating to fit your tastes and budget.

For French dining, try the brand new La Paris Café. This is a perfect place to enjoy fresh baked breads and tasty entrées while taking in the view of our beautiful city's skyline. If you're there for dinner, be sure to try the chef's specialty, maple-orange turkey.

To enjoy a breathtaking view of the Torga River, head to Torga Terrace on Aspen Street. Torga Terrace is a traditional steakhouse that uses only the highest quality meats, and you'll find their filet mignon to be especially mouthwatering. Be sure to book ahead for a good spot on the patio, as tables are known to fill up quickly when the weather's nice.

Finally, if you like your food spicy and exotic, try the Bangalore Garden Restaurant. Feast on one of their hot Indian curry dishes while inhaling the scents of their beautiful patio garden. Make sure to have water available, as some of their dishes are extremely hot!

These are only a few of the many outdoor options available to you this summer here in the city of Millet. If you have any comments, or would like to recommend another restaurant, please feel free to contact me and I'll try to mention it in my next column.

E-Mail Message

Date/Time:	Thursday, August 3 / 1:48 P.M.
To:	Cal Linden (clinden@milletweekly.com)
From:	Phil Alden (palden@mailgo.com)
Subject:	Summer Hot Spots

Dear Mr. Linden,

I wanted to let you know that I really enjoyed your article on summer hotspots in the newspaper this past week. I went to Torga Terrace yesterday and was very impressed! The filet mignon was excellent and I really loved the patio scenery. I hope to try the other two restaurants you listed sometime soon.

I noticed that your article didn't mention a vegetarian option, so I thought I would make a suggestion. There is a new restaurant on Parker Avenue near the edge of the city, called Angela's Alcove, which opened last month. Their patio has a wonderful view of the Hillhurst Forest Park, and their menu is full of interesting choices.

I've been there for dinner a few times and can't forget the fantastic taste of their fettuccine pesto. They also have an impressive variety of healthy dessert choices. They are only $5 a dish, and are all made with locally grown fruit. I'm hoping for a chance to try their lunch menu soon because it also looks quite good. It includes falafel pitas and fresh Greek salads, as well as tofu soup and chickpea soup.

If you are able to, please mention this place in next week's article. It's a new business, so I'm sure they would appreciate the publicity.

Thanks again for your interesting and informative articles. I look forward to reading next week's edition.

Sincerely,

Phil Alden

186. What is the purpose of the article?

(A) To feature restaurants with outdoor dining
(B) To recognize the finest restaurants in the country
(C) To list the newest restaurants in Millet
(D) To report the opening of a Greek restaurant

187. Where does Mr. Linden suggest making reservations?

(A) At La Paris Café
(B) At Bangalore Garden
(C) At Angela's Alcove
(D) At Torga Terrace

188. What is NOT one thing Mr. Alden implies he did yesterday?

(A) He enjoyed a riverside scenery.
(B) He went to Aspen Street.
(C) He ate fettuccine pesto.
(D) He visited a steakhouse.

189. What is NOT indicated about Angela's Alcove?

(A) It is located near a wooded area.
(B) It is a vegetarian restaurant.
(C) It is mentioned in many articles.
(D) It has recently opened.

190. What is mentioned about the desserts at Angela's Alcove?

(A) They will be available soon.
(B) They are all Greek recipes.
(C) They use locally grown fruit.
(D) They are included with dinner.

実戦トレーニング　解答・解説

問題 156 ～ 158 は次の情報に関するものです。

MOREEN PARK でのイベント中止のご連絡

₁₅₆雨天の予報につき、本日の午前11時30分に予定されていた Moreen Park での無料音楽公演は中止となりました。

著名なコンサートヴァイオリニストである Rosa Marche さんによる同バンド施設での無料公演を観に、はるばるお越しいただいたみなさまには大変ご迷惑をおかけし申し訳ございません。

最近の強い雨と予報されている嵐を考慮し、公園管理者は今日より10日間の無料音楽公演を中止することを決定しました。

₁₅₈Bayview Symphony Orchestra 協賛による毎週の音楽公演は5月23日に再開の予定です。

Rosa Marche さんの公演をご覧になりたいみなさまのために、₁₅₇彼女は無料の週1回の公演を6月27日の午後0時30分に Moreen Park バンド施設にて開催予定です。

本件および近々の中止に関する更なる情報については、公園管理者 (555) 333-0442 までお問い合わせください。

156. この通知の主な目的は何ですか。
　　(A) 近日中のイベントをキャンセルすること
　　(B) 演奏を宣伝すること
　　(C) 場所の変更を伝えること
　　(D) 払い戻しの情報を与えること

157. Rosa Marche さんについてどんなこと述べられていますか。
    (A) 市民会館に勤めている
    (B) 近いうちに演奏をする
    (C) 人気の演説家である
    (D) 貴重な品物を寄付する

158. Bayview Symphony Orchestra についてどんなことが述べられていますか。
    (A) 新たな作曲家を雇った
    (B) 来年のツアーをキャンセルする
    (C) 毎週の演奏を後援している
    (D) チケットをオンラインで販売している

会話

- □ **due to** 〜が原因で　□ **weather forecast** 天気予報
- □ **scheduled for** 〜に予定されている
  ⇒ □ **be scheduled to do** 〜することになっている
- □ **given (that)** 接 〜を考慮すると
- □ **recent** 形 最近の ⇒ □ **recently** 副 最近の
- □ **predict** 動 予想する ⇒ □ **prediction** 名 予想
- □ **upcoming** 形 来る、やってくる
- □ **decide to do** 〜することに決定する
- □ **be expected to do** 〜することが期待される
- □ **resume** 動 再開する
- □ **interested in** 〜に興味がある、関心がある
  ⇒ □ **be interested in** 〜に興味がある

設問・選択肢

- □ **advertise** 動 広告する、宣伝する
  ⇒ □ **advertisement** 名 広告 ⇒ □ **classified ad** 新聞広告
- □ **provide** 動 提供する ⇒ □ **provision** 名 提供
- □ **refund** 名 払い戻し ⇒ □ **refundable** 形 払い戻せる

- □ **be stated about** ～について述べられている
  ⇒ □ **statement** 名 声明
- □ **employ** 動 雇う
  ⇒ □ **employee** 名 従業員 ⇒ □ **employer** 名 雇い主
- □ **public speaker** 講演者
- □ **donate** 動 寄付する ⇒ □ **donation** 名 寄付
- □ **valuable** 形 価値のある ⇒ □ **value** 名 価値
- □ **note** 動 言及する、気づく、書き留める
- □ **hire** 動 雇う (≒ □ employ)
- □ **composer** 名 作曲家 ⇒ □ **composition** 名 作曲
- □ **sponsor** 動 後援する 名 スポンサー

Questions 156 through 158 refer to the following information.

---

❷⇒ MOREEN PARK ANNOUNCEMENT OF CANCELLATION

・・・

₁₅₆Due to a rainy weather forecast, today's Moreen Park Free Musical Performance, scheduled for 11:30 A.M., has been cancelled. ⇒❸

❺⇒ For those of you who have made the trip to see popular concert violinist Rosa Marche give a free performance at the band shelter, we are very sorry for the inconvenience.

136 第2章 Part 7 「解答の極意」

Given the recent heavy rain and the predicted upcoming storm, park management has decided to cancel all free musical performances for the next ten days.

Weekly musical performances sponsored by the Bayview Symphony Orchestra are expected to resume on May 23.

For anyone interested in seeing a performance by Rosa Marche, she is expected to resume her free weekly performances on June 27 at 12:30 P.M. at the Moreen Park band shelter.

For more information about this and upcoming cancellations, please contact park management at (555) 333-0442.

156. What is the main purpose of this information?

(A) To cancel an upcoming event
(B) To advertise a theater performance
(C) To announce a change of location
(D) To provide refund information

157. ④⇒What is stated about Rosa Marche? ⇒ ⑤

(A) ⑥⇒She is employed at City Hall.
(B) She will perform in the near future. ⇒ ⑦
(C) She is a popular public speaker.
(D) She will donate a valuable item.

158. ⑦⇒What is noted about the Bayview Symphony Orchestra? ⇒ ⑧

(A) ⑨⇒It has hired a new composer.
(B) It will cancel next year's tour.
(C) It sponsors weekly performances.
　　⇒このセットの問題が終了
(D) It sells tickets online.

読解の流れと解説

■ 156.の設問を読み「**目的何？**」とリテンションし、問題文の②へ進みます。

② タイトルから最初の段落の最後までを読むと、MOREEN PARK ANNOUNCEMENT OF CANCELLATION から「キャンセルのお知らせ」であることが確認でき、Due to a rainy weather forecast, today's Moreen Park Free Musical Performance, scheduled for 11:30 A.M., has been cancelled. の部分から「雨でパフォーマンスがキャンセルされた」ことがわかります。

inclement weather による遅延やキャンセルは TOEIC では定番の話題です。

156.の選択肢に進みます。

❸ 選択肢 (A) にいきなり cancel an upcoming event とあるため、これが正解だと確信してマーク、(B)〜(D) の選択肢は目をやって確認するだけにし、157. の設問に進みます。

❹ What is stated about Rosa Marche?「Rosa Marche について何が言える？」とあるので、**固有名詞の Rosa Marche をしっかりと短期記憶として頭の中に叩き込み**、本文の❺へ向かいます。

❺ しばらく読み進めないと、Rosa Marche のパフォーマンスがどうなるのかはわかりません。

我慢しつつ先に進んでいくと、a performance by Rosa Marche, she is expected to resume her free weekly performances on June 27 at 12:30 P.M. at the Moreen Park band shelter にたどり着きます。

Rosa のパフォーマンスは6月27日に再開するということがわかります。

❻の選択肢に進みます。

❻ 157. の (B) の選択肢に perform in the near future があるため、これが正解になります。

June 27 を in the near future と言い換えています。

すぐに (B) をマーク、(C) と (D) の選択肢は読まずに見るだけにして、❼の設問に進みます。

❼ 158. What is noted about the Bayview Symphony Orchestra?「Bayview Symphony Orchestra について何が記されている？」とリテンションして問題文に進みますが、**すでに Bayview Symphony Orchestra についての記述**

があったことを思い出せるかどうかがポイントとなります。

　ここまでの問題を解く過程で「きっちりと意味をとりながら英文を読む」ことをしていれば、すぐにこの Bayview Symphony Orchestra についての話が書いてあったことを思い出せるはずです。

　ただ単に英文の意味をとりつつ読むのではなく「このセットが終わるまでは、すべての内容を短期記憶として保持するつもりで読む」ことを心がけてください。

　8の部分に書いてあったことを思い出せれば OK です。

8 Weekly musical performances sponsored by the Bayview Symphony Orchestra are expected to resume on May 23. とあるため「Bayview Symphony Orchestra はミュージカルのスポンサーをやっている」ことがわかります。

　9の選択肢に進みます。

9 (A) から選択肢を読んでいくと、(C) に sponsors weekly performances とあることがわかり、これが問題文の内容と一致、(C) をマークしてこのセットのタスクは終了となります。

正解

156. (A)　157. (B)　158. (C)

解答・解説

問題186〜190は次の記事とEメールに関するものです。

夏の名スポット　　　　　　　　　　　　　　　　　　　　　4ページ
記者 Cal Linden

夏が近づくにつれ、Millet の人々は暖かな陽気を楽しむために、もっとたくさんの方法を探し求めるようになります。186 日光をたっぷり楽しむ一つの手は、街周辺に多数あるテラス付きのレストランのどこかに行ってみることです。Millet には、あなたの好みや予算にピッタリの様々なレストランがあります。

フレンチなら、新規オープンの La Paris Café をお試しください。ここは美しい街と空が生み出すシルエットを楽しみながら、新鮮な焼き立てパンや絶品のメインディッシュを味わうには最高のお店です。お食事に行かれるのであれば、シェフのスペシャル料理である、メープルオレンジターキーを是非お試しください。

188 (A) Torga 川の絶景を楽しむなら、Aspen 通りの Torga Terrace へ足を運んでみてください。187 188 (D) Torga Terrace は最高品質の肉だけを使う伝統あるステーキハウスですので、同店の出すフィレミニヨンが、よだれが溢れるほど美味しいと思われることでしょう。天気が良いとテーブルがすぐに埋まってしまうことで有名ですので、テラスの良い席を取るには必ず早めに予約をしましょう。

最後に、スパイシーでエキゾチックな料理をお好みなら、Bangalore Garden レストランは如何でしょう。お店の美しいテラスの庭園風景を味わいながら、辛口インドカレー料理を楽しむことができます。料理の中のいくつかはとんでもなく辛いので、お水を必ずお手元にご用意ください！

141

以上はここ Millet 市街におけるお出かけの選択肢のごく一部に過ぎません。ご意見がございましたら、もしくは他のレストランを推薦されたいのであれば、お気軽に私までご連絡ください。次回の私のコラムで取り上げようと思いますので。

日付／時間：8月3日　木曜日　午後1:48
宛先：Cal Linden (clinden@milletweekly.com)
差出人：Phil Alden (palden@mailgo.com)
件名：夏の名スポット

Linden さま

先週の新聞に載っていた夏の名スポットに関するあなたの記事をとても楽しく拝読したことをお伝えしたくご連絡いたしました。188 (A) 私は昨日 Torga Terrace に行き、とても感激しました！ フィレミニヨンは最高でしたし、テラスの景色も素晴らしかったです。機会があればすぐにでも、あなたがリストに挙げた他の二つのレストランにも行ってみたいです。

189 (B)(D) 記事の中で菜食主義の方向けの選択肢が取り上げられていなかったことに気が付いたので、私から一つご提案をさせていただけたらと思いました。市街地の端の方の Parker 通りに Angela's Alcove という新しいレストランがありまして、そこは先月オープンしたばかりです。189 (A) ここのテラスは Hillhurst 森林公園の素晴らしい風景を擁しており、メニューも興味深い品々がたくさんあります。

188 (C) 私は何度かこのお店に行ったことがありますが、フェットチーネペストの素晴らしい味が忘れられません。このお店には驚異的な種類のヘルシーなデザートの品揃えがあります。190 デザート各種は一皿たった5ドルですし、すべて地元で栽培されたものです。とても美

味しそうなので、ランチメニューを食べてみる機会をすぐにでも持ちたいと思っています。ランチメニューには豆腐のスープやヒヨコ豆のスープの他、ファラフェルピタスや新鮮なギリシャ風サラダなどがついてきます。

差支えなければ、このお店を翌週の記事に載せていただけませんか。ここはオープンしたてのお店なので、記事になれば従業員の方々はきっと喜ぶと思います。

あらためて、楽しくて役に立つ記事をありがとうございました。次週の号が楽しみです。

敬具
Phil Alden

186. この記事の目的は何ですか。
    (A) 屋外ダイニングがあるレストランを特集すること
    (B) 国で最高のレストランを称えること
    (C) Millet の新しいレストランの一覧を載せること
    (D) ギリシャ料理のレストランの開店を報じること

187. Linden さんが予約をすることを勧めているのはどこですか。
    (A) La Paris Café
    (B) Bangalore Garden
    (C) Angela's Alcove
    (D) Torga Terrace

188. Alden さんが昨日行ったこととして考えられないことは何ですか。
    (A) 川岸の景色を楽しんだ
    (B) Aspen Street に行った

143

(C) フェットチーネペストを食べた
(D) ステーキハウスを訪れた

189. Angela's Alcove について示されていないことは何ですか。
    (A) 森林地区の近くにある
    (B) ベジタリアン向けのレストランである
    (C) 多くの記事で取り上げられている
    (D) 最近開店した

190. Angela's Alcove のデザートについてどんなことが述べられていますか。
    (A) 間もなく販売される
    (B) すべてギリシャ料理である
    (C) 地域で生産されたフルーツが使われている
    (D) ディナーに含まれている

問題文：記事

- **hot spot** 人気のある場所　□ **with** 前 ～とともに
- **look for** ～を探す（≒□ search for）
- **soak up** ～を取り入れる　□ **patio** 名 テラス、中庭
- **a variety of** 様々な ⇒ □ **a wide variety of** 多種多様な
- **fit** 動 合う　形 健康な
- **budget** 名 予算 ⇒ □ **on a budget** 限られた予算内で
- **brand new** 真新しい
- **entrée** 主菜、メインディッシュ ⇒ □ **appetizer** 名 前菜
- **skyline** 名 地平線（≒ horizon）
- **be sure to do** 必ず～する
  ⇒ □ **be sure of** ～を確信している
- **specialty** 名 十八番、自慢の料理
- **breathtaking** 形 息をのむような
- **traditional** 形 伝統的な ⇒ □ **tradition** 名 伝統

- □ **filet mignon** 名 フィレミニヨン（ヒレ肉を小さく切った小さめのステーキ）
- □ **especially** 副 特に
- □ **mouthwatering** 形 食欲をそそる
- □ **book ahead** 前もって予約する
- □ **patio** 名 テラス、中庭　　□ **fill up** 一杯になる
- □ **quickly** 副 急に、あっという間に
  - ⇒ □ **quick** 形 急な、素早い
- □ **finally** 副 最後に　⇒ □ **final** 形 最後の
- □ **spicy** 形 香ばしい　　□ **exotic** 形 風変わりな、異国風の
- □ **feast** 動 ごちそうになる　名 ごちそう　　□ **dish** 名 料理
- □ **while** 接 〜する間に　⇒ □ **while doing** 〜している間に
- □ **inhale** 動 吸い込む　　□ **scent** 名 香り
- □ **make sure to do** 必ず〜する
- □ **available** 利用できる、入手できる
  - ⇒ □ **availability** 名 利用できること
- □ **as** 接 〜なので
- □ **extremely** 副 極端に　⇒ □ **extreme** 形 極端な
- □ **hot** 形 辛い　　□ **recommend** 動 推薦する、お勧めする
- □ **please feel free to do** どうぞお気軽に〜してください
- □ **contact** 動 連絡する　　□ **try to do** 〜しようとする
- □ **mention** 動 言う　　□ **column** 名 コラム

問題文：Eメール

- □ **hot spot** 人気のある場所
- □ **let you know that** 〜ということを教える
- □ **article** 名 記事　　□ **this past week** この1週間
- □ **be impressed** 感銘を受ける　⇒ □ **impressive** 形 印象的な
- □ **excellent** 形 素晴らしい　　□ **scenery** 名 景色
- □ **list** 動 リストに入れる　　□ **sometime soon** 近いうちに
- □ **notice** 動 気づく　名 掲示、案内、予告
- □ **vegetarian** 形 菜食主義の
- □ **option** 名 選択　⇒ □ **opt** 動 選ぶ

- □ **make a suggestion**　提案する
- □ **near the edge of**　〜の片隅の近く
- □ **be full of**　〜で一杯である　　□ **a few times**　何回か
- □ **fantastic**　形 素晴らしい　　□ **taste**　名 味　動 味わう
- □ **impressive**　形 印象的な
- □ **be made with**　〜でできている
- □ **locally**　副 地元で　⇒ □ **local**　形 地元の
- □ **quite good**　かなり良い
- □ **include**　動 含む　⇒ □ **including**　前 〜を含めて
- □ **Greek**　形 ギリシャの
- □ **A as well as B**　AだけでなくBも
- □ **be able to do**　〜することができる
- □ **I'm sure**　〜だと確信している
- □ **appreciate**　動 感謝する　⇒ □ **appreciation**　名 感謝
- □ **publicity**　名 宣伝　⇒ □ **public**　形 公共の　名 市民
- □ **thanks again for**　〜を本当にありがとうございます
- □ **informative**　形 役に立つ　⇒ □ **information**　名 情報
- □ **look forward to doing**　〜することを楽しみにしている
- □ **edition**　名 版　⇒ □ **edit**　動 編集する

設問・選択肢

- □ **purpose**　名 目的
- □ **feature**　動 特集する　⇒ □ **featuring**　形 主演の
- □ **outdoor dining**　外での食事
- □ **recognize**　動 認める　⇒ □ **recognition**　名 見覚え、認識
- □ **be located**　〜にある、位置する
- □ **a wooded area**　森林地帯

Questions 186 through 190 refer to the following article and e-mail.

SUMMER HOT SPOTS

Page 4

by **Cal Linden**

With summer coming, the people of Millet are looking for more ways to enjoy the warm weather. One way to soak up some sun is by trying one of the many restaurant patios around town. Millet has a variety of restaurants with outdoor seating to fit your tastes and budget.

For French dining, try the brand new La Paris Café. This is a perfect place to enjoy fresh baked breads and tasty entrées while taking in the view of our beautiful city's skyline. If you're there for dinner, be sure to try the chef's specialty, maple-orange turkey.

To enjoy a breathtaking view of the Torga River, head to Torga Terrace on Aspen Street. Torga Terrace is a traditional steakhouse that uses only the highest quality meats, and you'll find their filet mignon to be especially mouthwatering. Be sure to book ahead for a good spot on the patio, as tables are known to fill up quickly when the weather's nice.

Finally, if you like your food spicy and exotic, try the Bangalore Garden Restaurant. Feast on one of their hot Indian curry dishes while inhaling the scents of their beautiful patio garden. Make sure to have water available, as some of their dishes are extremely hot!

These are only a few of the many outdoor options available to you this summer here in the city of Millet. If you have any comments, or would like to recommend another restaurant, please feel free to contact me and I'll try to mention it in my next column.

≡≡≡ E-Mail Message ≡≡≡

Date/Time:	Thursday, August 3 / 1:48 P.M.
To:	Cal Linden (clinden@milletweekly.com)
From:	Phil Alden (palden@mailgo.com)
Subject:	Summer Hot Spots

Dear Mr. Linden,

9 ⇒ I wanted to let you know that I really enjoyed your article on summer hotspots in the newspaper this past week. 188(A)(B) I went to Torga Terrace yesterday and was very impressed! ⇒ **10 13** ⇒ The filet mignon was excellent and I really loved the patio scenery. I hope to try the other two restaurants you listed sometime soon.

189 (B)(D) **13** ⇒ I noticed that your article didn't mention a vegetarian option, so I thought I would make a suggestion. There is a new restaurant on Parker Avenue near the edge of the city, called Angela's Alcove, which opened last month. ⇒ **18 20** ⇒ 189 (A) Their patio has a wonderful view of the Hillhurst Forest Park, ⇒ **21** **23** ⇒ and their menu is full of interesting choices.

188 (C) I've been there for dinner a few times and can't forget the fantastic taste of their fettuccine pesto. ⇒ **14** **23** ⇒ They also have an impressive variety of healthy dessert choices. 190 They are only $5 a dish, and are all made with locally grown fruit. ⇒ **24** I'm hoping for a chance to try their lunch menu soon because it also

looks quite good. It includes falafel pitas and fresh Greek salads, as well as tofu soup and chickpea soup.

If you are able to, please mention this place in next week's article. It's a new business, so I'm sure they would appreciate the publicity.

Thanks again for your interesting and informative articles. I look forward to reading next week's edition.

Sincerely,

Phil Alden

186. ❶ ⇒ What is the purpose of the article? ⇒ ❷

(A) To ❸ ⇒ feature restaurants with outdoor dining ⇒ ❹
(B) To recognize the finest restaurants in the country
(C) To list the newest restaurants in Millet
(D) To report the opening of a Greek restaurant

187. ❹ ⇒ Where does Mr. Linden suggest making reservations? ⇒ ❺

(A) At ❻ ⇒ La Paris Café
(B) At Bangalore Garden
(C) At Angela's Alcove
(D) At Torga Terrace ⇒ ❼

149

188. 7⇒ What is **NOT** one thing Mr. Alden implies he did yesterday? ⇒ 8

   (A) He 8⇒ 11⇒ enjoyed a riverside scenery. ⇒ 12
   (B) He went to Aspen Street.
   (C) He 14⇒ ate fettuccine pesto. ⇒ 15
   (D) He 12⇒ visited a steakhouse. ⇒ 9⇒ 13

189. 15⇒ What is **NOT** indicated about Angela's Alcove? ⇒ 16

   (A) It is 16⇒ 21⇒ located near a wooded area. ⇒ 22
   (B) It is 18⇒ a vegetarian restaurant. ⇒ 19
   (C) It is mentioned in many articles.
   (D) It has 19⇒ recently opened. ⇒ 17⇒ 20

190. 22⇒ What is mentioned about the desserts at Angela's Alcove? ⇒ 23

   (A) They will be 24⇒ available soon.
   (B) They are all Greek recipes.
   (C) They use locally grown fruit.
      ⇒ このセットの問題が終了
   (D) They are included with dinner.

読解の流れと解説

1 まずは186.の設問を読みます。

What is the purpose of the article?「記事の目的は？」とリテンションし、問題文に進みます。

2 One way to soak up some sun is by trying one of the many restaurant patios around town.「陽の光を楽しむ方法として、町のレストランのテラスを利用してみる」とあります。

「これを言い換えた内容の選択肢があるのでは？」という意識を持って186.の選択肢に進みます。**TOEICは「言い換え大会」**です。問題文内に書いてあることが、選択肢では言い方が変えられている場合がほとんどであるということを覚えておきましょう。

3 (A)の選択肢に feature restaurants with outdoor dining「外で食べることができるレストランを特集している」とあるため、これを正解と判断し、マークをします。

(B)～(D) は軽く目で確認、**4**に進みます。

4 187. Where does Mr. Linden suggest making reservations?「**Linden**はどの店予約勧める？」をリテンション、問題文の**5**から読み進めていきます。

5「予約をした方が良い」という内容が出てくるまで読み進めていくと、Torga Terrace is a traditional steakhouse that uses only the highest quality meats, and you'll find their filet mignon to be especially mouthwatering. Be sure to book ahead for a good spot on the patio,にたどり着きます。

Torga Terrace というステーキハウスは Be sure to book ahead「必ず予約してください」とあります。

　6に進みます。

6 (D) に Torga Terrace がありました、これが正解です。
　すぐにマークをして**7**に進みます。

7 188. は **NOT問題**です。

What is **NOT** one thing Mr. Alden implies he did yesterday?「**Alden が昨日やってないのは？**」とリテンションし、(A)〜(D) の選択肢に進みます。

　また、この設問は **Alden**さんのことについての問題であるため、二つの文書のうち、**Alden**さんが書いた方に正解の根拠があると推測し、メールの方を読み進めていくようにします。

8 各選択肢の内容を、単純化して記憶します。
　太字の部分だけを覚えるようにしても良いでしょう。
　(A) 川岸の**景色**を楽しんだ
　(B) **Aspen Street** に行った
　(C) **フェットチーネペスト**を食べた
　(D) **ステーキハウス**を訪れた
　メールの**9**へ向かいます。

9 I went to Torga Terrace yesterday and was very impressed!「Torga Terrace に行った」とあります。
　「Torga Terrace は確か川の近くにあるステーキのお店だ」、という記憶が残っていればOKです。
　すでに187. の問題を解く際に Torga Terrace はステーキのお店だとわかっているため、(D) は先に消しておいても良

いでしょう。

確認のため、記事の該当部分、❿に戻ります。

181.〜200.のダブルパッセージには**「両方の文書を参照しないと正解することができない問題が、各セット1〜2問ある」**と、再度心得ておいてください。

❿ 上の文書のすでに読み終えた部分の中に To enjoy a breathtaking view of the Torga River, head to Torga Terrace on Aspen Street. Torga Terrace is a traditional steakhouse とあります。

この瞬間、選択肢の (A) と (B)、そして (D) が消えます。

問題文と内容が合致するものが不正解になるので、NOT 問題にはよりいっそうの注意を払うようにしてください。

NOT問題は「選択肢の内容が問題文に書いてあれば不正解」ということを忘れないでください。

NOT問題であることを忘れると「選択肢の中に正解が三つもある」ことになってしまいます。すぐに正解（実際は不正解）が見つかったと思い込み、不正解をマークしてしまうので気を付けてください。

⓫ 選択肢 (A) の上（もしくは左横）を左手の薬指で押さえ、(B) も中指で押さえつつ⓬に進みます。

⓬ (D) も消えます、左手の親指で押さえましょう。

その後すぐに問題文の⓭に戻ります。

⓭ 念のためしばらく読み進めていくと、I've been there for dinner a few times and can't forget the fantastic taste of their fettuccine pesto. という文が出てきます。

選択肢の⓮に進みます。

⓮ 「fettuccine pestoの味が忘れられない」ということは書いてありますが「昨日行った」とはどこにも書かれていません。

NOT問題は3本の指が選択肢におかれた時点で問題文からの根拠探しは終了です。

指が浮いている選択肢(C)が「問題文の内容と一致しない、もしくは問題文中に書かれていない」ということで正解になります。

(C)をマークして⓯に進みます。

※今回は確認のために⓭〜⓮の過程を経ましたが、実戦では必要のないステップです。⓬から⓯に進み、時間のロスがないようにしてください

⓯ What is **NOT** indicated about Angela's Alcove?
「Angela's Alcoveについて**示されていないこと**は？」
またしても**NOT問題**です。
すぐに選択肢に進み、(A)〜(D)の内容を確認します。

⓰ 選択肢の内容を単純化して記憶しましょう。正解の根拠となり得る部分との照合が容易になります。
(A) **森林地区**の近くにある
(B) **ベジタリアン向け**のレストランである
(C) **多くの記事**で取り上げられている
(D) **最近開店**した。

⓱ I noticed that your article didn't mention a vegetarian option, so I thought I would make a suggestion. There is a new restaurant on Parker Avenue near the edge of the city, called Angela's Alcove, which opened last month. とあるため、Angela's Alcove は「ベジタリアン向け」で「新しいレストランである」ことがわかります。189. の選択肢⓲に戻ります。

⓲ ⓱と合致する (B) を不正解として消去します。
中指で (B) を押さえます。

⓳ 同時に (D) も消去し、問題文の⓴に進みます。

⓴ Their patio has a wonderful view of the Hillhurst Forest Park, とあるため、これが選択肢 (A) に合致すると判断し㉑へ。

㉑ located near a wooded area が問題文の内容と合致するため、選択肢 (A) を消します。
残った (C) を正解としてマークし、最後の問題に向かいます。

㉒ What is mentioned about the desserts at Angela's Alcove?「Angela's Alcove のデザートについて何が言えますか？」と記憶し、問題文の㉓に進みます。
リテンションすべき最小限の内容は**「Angela's alcove のデザートは？」**です。

㉓ They also have an impressive variety of healthy dessert choices. They are only $5 a dish, and are all made with locally grown fruit. とあるため、「たくさんの種類のヘルシーなデザートがあり、5ドルと安く、地元のものを使っている」のだな、と記憶して選択肢へ進みます。

24 選択肢を(A)から順に読み進めていくと(C)に use locally grown fruit「地元で育てられたフルーツを使用」とあるため、これが正解となります。

(C)を塗りつぶし、このセットは終了となります。

正解

186. (A)　187. (D)　188. (C)　189. (C)　190. (C)

全力で壁を超える勉強法 2
問題集の使い方

今回は問題集の基本的な使い方についてまとめます。参考書・問題集は、学習者が十人いれば十通りの使用法があります。現時点の英語力、スコア、そして目標スコアもそれぞれみな違うのです。

それをふまえて、ここでは僕が多くの学習者にとって有効であると考える方法について紹介してみたいと思います。

🚃 本番での時間の使い方

問題を解く際に使える時間についてもここで触れておきましょう。問題集を使うときに参考になるはずです。

僕の場合、本番ではPart 5 & 6の計52問を、1問平均20秒以内で（結果的に）解くことを目安にしています。

1問平均20秒×52問＝1,040秒（18分弱）、このペースでPart 5 & 6を通過することができれば、リーディングの制限時間75分のうちの約18分を使ったこととなり、Part 7に残りの約57分を使うことができます（本番では15分～20分弱でPart 5 & 6を終えることが多いです）。

Part 7（＝48問）は、平均1問1分のペースで解き続けることを目安にしていますので、Part 7に費やす時間は約48分。約66分でリーディングパートの200問を終了させ、余った約10分を、見直しを行うために残すことを最低限の目標としています（あくまでも1問1分というのは目安なので、簡単な問題は3秒で解けることもありますし、難問には2～3分かかってしまうこともあります）。

余った時間で行うことは以下の内容になります。

1. マークの確認

200問すべてにマークがきちんと塗られているかを確認

2. 複眼思考によるチェック

リーディングパートで、消去法を使った問題・アヤしいという印象が残っている問題を複眼思考（文法や文脈、その他すべてのもてる知識を総動員させる様々な方向からのアプローチ）でチェックしなおす

主に上記のことを中心に、見直しの時間を有効活用できるよう心がけています。
このタイムマネジメントをしっかりと行うことができるよう、最大限迅速に・かつ正確に解答する能力を養わなくてはなりません。

🚌 問題集の使い方

それでは、いよいよ本題です。問題集をどのように使うかについてまとめます。

1周目は、とにかく最後まで解く。

今自分の持てる力で、**全力で解きます**。
問題集・模試などで制限解答時間が掲載されている場合、必ずそれに従って解き進めていくようにします。
その際、
- ▶ **わからなかった問題**
- ▶ **消去法を使って解答した問題**

は、必ずノートに問題番号を書き記しておくか、使用しているマークシートに "勘で選んだ" 証拠のチェックをつけておきます。

消去法を使って解答した問題や、語彙・語法の知識がないために正答できなかった問題、適当に選び、結果的に正

解だった問題はすべて不正解とカウントします。

1周目が無事に終了したら、すぐに丸付けを行います。
何問正解できたのかを数え、正答率も出します。

2周目は復習までキッチリと行います。

2周目は時間無制限で問題演習を行います。リスニングで聴き取れなかった部分は、聴き直しを行っても構いません。
演習後に不正解だった問題の復習を行います。
該当する問題の出題ポイントを確認し、ここではじめて納得できるまで解説を読むのです。
解説がわかりやすいと思える本、自分にあっていると思える本を使用することが大切です。
文法事項で疑問が残る場合には、**『総合英語 Forest』**（石黒昭博監修　桐原書店）などを使い、不確かな文法事項の確認をするようにしましょう。
ちなみに僕の英文法の力は、**『一億人の英文法』**でおなじみの**大西泰斗先生**の本をすべて購入して読破し、講義のCDやDVDを何度も繰り返して観て学んだことが土台となっています。
大西先生から授かった知識のおかげで、TOEICで出題される文法問題であれば、まず間違えることがありません。

2周目の演習と復習は、時間をたっぷりとかけて、ていねいに行います。復習が終了した時点では、1周目に間違えた問題や自信を持って答えることができなかった問題について、すべて理解できているようにしてください。その後、それらの問題を、まとめて一通りテストしてみてください。

僕の場合は1周目に正解できた問題を含め、もう一度すべての問題を正解できるかどうかを必ず試すようにしています。

2周目が終了したら、その後は最初から最後まで、すべての問題を何度も解きなおすのです。**7周〜10周は同じ問題集や参考書を繰り返すと良いでしょう。**その本に詰まっているすべてのエッセンスを頭の中に叩き込むつもりで取り組んでください。

また、同じ問題集や参考書を何回も繰り返し使っていくと、**回数を重ねるごとに「1周を終えるのに費やす時間」が徐々に短くなってきます。**繰り返せば繰り返すほど、その本に対して感じる負荷も減っていきます。

「何回も同じ本をやると飽きるのですが……」という方が時々いらっしゃいますが、**「自分は日本一その本について詳しい、もはや著者よりも詳しい」というレベルになって、はじめて「飽きました」と言える**……その次元を目指すんだ、と思い込むようにしてください。

問題集を3周した、5周したという話を聞いたことがあるかもしれませんが**「いかに軌道に乗って3周目以降に突入できるか」**が、徹底的に問題集を極めるためのカギとなります。

解説に登場する用例や派生語などはあくまでも参考程度とし、間違っても**「すべてを覚えようとはしない」**ことが大切です。

用例や派生語は、間違えた問題や自信のない問題を復習する際の参考にする、という意識で臨むと良いでしょう。

まずは**「根拠を持って一冊全問正解できる」**ことを目指しましょう。

何回も何回も同じ本に取り組んでいるうちに、必ず新たな疑問が生じてきます。

今まで見えなかったものが見えてきます。

問題が解けるのか・解けないのか、というレベルだったときには気付くことのできなかった疑問がわいてきます。

まずは問題を解き、丸つけをするだけでも良いのです。

1周することから始めましょう。

1周終えることができれば、もうそれだけで自信が、達成感が生まれます。

後は2周、3周……回数を重ねた分、それらは確実に大きな自信となり、ゆるぎない土台を築きます。

1回しか会ったことのない人のことを知り合いとは呼べません。でも、2回も3回も……7回も10回も会った人を、知り合いと呼んでも差し支えないでしょう。

力がつき、問題が解けるようになるということは、多くの問題と知り合いになることであり、その知り合いの生い立ちや個人的な事情まで理解することと同じなのです。

知り合いが多い方が、人生はきっと、より豊かになるはずです。

知り合い・友人が増える楽しみと、問題集を解く楽しみの共通項がここに存在すると僕は思うのです。

問題を解くということは、知り合いが増える喜びを知るということなのです。

あらためて言います、まずは1周やってみること、臆せずにチャレンジしてみることが大切です。

挑戦しようとするあなたを応援するために、僕はこの本を書きました。

第3章

全力で壁を超えろ

Part 5 & 6
「解答の極意」

王道が
一番の近道。

全力の「技」

ハイスコアを狙うなら王道の解き方で

Part 5 & 6は「リーディングパート」です。Part 7のところでも述べましたが、大切なのは**「きちんと英文を読むことから逃げない」**ということです。

この本を手にされた、ハイスコアを目指すあなたには、「品詞問題」であろうと「文脈依存型問題」であろうと、真正面から取り組み、全文を読んだ上で時間内に解答する力を培っていただきたいのです。

では実際に例題を使って解法を紹介していきます。

Part 5はこう解く 品詞問題

101. Visitors to Knoxville University are required to have a parking ------- to park their vehicles on campus.

(A) permit
(B) permitted
(C) permitting
(D) permits

164　第3章　Part 5 & 6「解答の極意」

解答・解説

問題文と設問・選択肢に番号をつけました。英文をどのような順に読み進めて解答していけば良いのかの目安にしてください。

> **例** ❶ ⇒ …… ⇒ ❷とある場合、まずは❶〜❷までの英文を読んで理解した後で❷に進むということを表しています。

101. ❷⇒Visitors／to Knoxville University／are required／to have a parking -------／to park their vehicles／on campus. ⇒ ❸
(A) ❶⇒❸⇒ permit ⇒(A)をマーク
(B) permitted
(C) permitting
(D) permits ⇒ ❷

❶ Part 5の問題を解答する際は、最初に選択肢を確認します。

選択肢を読むのではなく**品詞問題であることを「見て確認」**できれば**十分**です。

この問題のように permit の派生語が並んでいるものを、本書では**品詞問題**と呼ぶことにします。品詞問題の多くは、空欄の前後を確認するだけで解けるものが多いです。

ただし、そのためにはきちんとした英文法の知識が必要であり、英文中のどこからどこまでが意味のカタマリであるのかを判断する必要があります。

❷ 一通り全文の内容を理解し終えたら、次は空欄の前後にフォーカスします。

「have／a parking ------／to park」のように、a parking 〜までが一つのカタマリであることを確認します。

英文を区切ってカタマリに分ける際は、以下の基本ルールを適用します。

> 1 主語（のカタマリ）の後で区切る
> 2 動詞（のカタマリ）の前後で区切る
> 3 接続詞、関係詞の前で区切る
> 4 前置詞、to 不定詞の前で区切る

このルールに当てはめると、are required（動詞句）の後で区切り、次は to park（to 不定詞）の前で区切ることになります。

冠詞の a から始まるカタマリは、基本的に名詞のカタマリになります。

例 a vital requirement（必須の条件）

この表現は、a の次に vital（必須の）という形容詞があり、それが次にある requirement（条件）という名詞を修飾（限定）しています。

今回の問題にこれを当てはめてみると、空欄には名詞が入ることになります。

3 名詞は選択肢 (A) の permit と (D) の permits ですが、a から始まるカタマリなので単数形の (A)permit が正解になります。a は可算名詞の単数形につくのが、TOEIC での原則です。

正解　(A) permit

　Part 5の問題文は、文頭から文を区切って読み進め、前から意味をとっていきましょう。その上で品詞問題であれば空欄の前後にフォーカスし、空欄に入れるべき品詞を選択する、という手順で解答するというトレーニングを積んでください。

🔊 17

101. 《Visitors (to Knoxville University)》【are required】／to have a parking permit／to park their vehicles／on campus.

参照

・《　　　》⇒ 主部（(　　　)内は主語を説明）
・【　　　】⇒ 動詞（動詞句）

　※主部………主語と、主語を限定したり説明したりする部分を含むカタマリ
　※動詞句……二語以上で動詞の意味を持つカタマリ

文頭から意味をとっていくと以下のようになります。

《訪問者は（Knoxville Universityへの）》【求められる】
／駐車許可証を持つことを／車を駐車するために
／キャンパスに。

　復習時は、選択肢の単語の意味と品詞をきちんと確認しておきましょう。

- (A) **permit** 名 許可 動 許可する
- (B) **permitted** 動 permitの過去形または過去分詞形
- (C) **permitting** 動 permitの現在分詞または動名詞
- (D) **permits** 名 permitの複数形または動詞の三人称単数現在形

- □ **visitors** 名 訪問者 ⇒ □ **visit** 動 訪れる
- □ **be required** 求められる
  ⇒ □ **requirement** 名 必要条件、要件
- □ **a parking permit** 駐車許可証　□ **park** 動 駐車する
- □ **vehicle** 名 (地上の輸送手段の) 乗り物、車、車両
- □ **on campus** 構内に、構内で
  ⇒ □ **on the premises** 構内で、敷地内で
- □ **permit** 動 許可する　名 許可証
  ⇒ □ **permission** 名 許可

訳 Knoxville University にいらっしゃる方は、大学構内に駐車する際に駐車許可証が必要となります。

Part 5の品詞問題で、解答の手順、そして復習する際のヒントを示しました。

一つの問題に対して「ここまでのことができれば良い」という具体的な内容を、以下にまとめておきます。

---

1. 問題に正解することができ、それを解説できるようにする
2. 問題文を意味のカタマリごとにスラッシュで分けられるようにする
3. 選択肢がどの品詞なのか、どんな形なのかを説明できるようにする
4. 問題文を訳すことができ、意味がとれるようにする
5. 知らない語句があった場合、それを覚えるようにする

上記1〜5を完璧にできるよう、単に問題を解いて終わりにするのではなく、より完成度の高い復習をするように心がけましょう。

　「一度解いて、答えを確認して終わり」では、もったいないです。**自分にとってあやふやだった知識や考えときちんと向き合うことが、実は最も効率の良い復習方法なのです。**

　しかも、この作業を続けていくと、知らなかったことがわかる喜びを味わえるようになり、**やがてきちんと復習せずにはいられなくなるようになってきます。**ランナーズハイならぬ「TOEICハイ」……その境地に至るのです。

　ではもう一つ。
　次は、**文脈依存型問題**（接続詞・前置詞の問題、語彙問題など）の解法を説明します。

Part 5はこう解く　文脈依存型問題

🔊18

102. Many clients want to communicate with us through phone calls and e-mails while others ------- to speak to us in person.

(A) predict
(B) prefer
(C) adopt
(D) raise

169

解答・解説

102. ❷⇒Many clients／want to communicate／with us／through phone calls and e-mails／while others／------- to speak to us／in person. ⇒ ❸

(A) ❶⇒predict
(B) ❸⇒prefer ⇒(B)をマーク
(C) adopt
(D) raise⇒❷

❶ 品詞問題同様、**Part 5の問題を解く際は、まず選択肢を最初に見るのが基本です。**

　四つの選択肢の単語を確認し、問題文に進みます。

❷ 文頭から意味をとりつつ読み進めていきます。

　上記の英文では基本に忠実にスラッシュをつけてありますが、前から区切って意味をとる練習を続けていくうちに、ある程度長い意味のカタマリで理解できるようになってきます。

　この問題文は二つのセンテンスが接続詞の while でつながっています。

英文を読む際は、徐々に大きめのカタマリごとに意味をとらえるようにしていってください。

　慣れるまでは良いのですが、細かく分けすぎると、かえって理解するのに時間がかかってしまいます。

　このあたりのさじ加減は、日々の学習で徐々に身に付いてきます。

では区切った英文の内容を、文頭から確認してみましょう。

> 多くのクライアントは／連絡をとりたい／われわれと／電話や
> Eメールで／一方／他の人たち──／われわれと話す／直接。

空欄を除く全体から、while の前後の内容は対比したものになりそうだという予想がつきます。

つまり「AしたいクライアントもいるBしたいクライアントもいる」という内容になるのではないかと推測することができるのです。

❸ すると空欄後の to を見て「〜することを好む」という意味になる prefer (to do) が適切であるとわかります。

正解　(B) prefer

◀18

102. 《Many clients》／【want to communicate】／ with us ／ through phone calls ／ and e-mails ／ while 《others》【prefer to speak】／ to us ／ in person.

参照

- 《　　　》⇒ 主部（(　　　) 内は主語を説明）
- 【　　　】⇒ 動詞（動詞句）

※主部………主語と、主語を限定したり説明したりする部分を含むカタマリ

※動詞句……二語以上で動詞の意味を持つカタマリ

文頭から意味をとっていきます。

《多くのクライアントは》/【連絡をとりたい】/私たちと
/電話で/そしてEメールで/一方
《他の人たちは》【話したい】/私たちと/直接。

選択肢の内容は以下になります。

(A) **predict** 動 予期する
(B) **prefer** 動 好む
(C) **adopt** 動 採用する
(D) **raise** 動 上げる

- □ **client** 名 クライアント ⇒ □ **clientele** 名 常連、依頼人
- □ **communicate with** 〜と連絡をとる
- □ **in person** 直接、本人が
- □ **predict** 動 予期する ⇒ □ **prediction** 名 予想
- □ **prefer** 動 好む
  ⇒ □ **preferable** 形 好ましい ⇒ □ **preference** 名 好み
- □ **adopt** 動 採用する ⇒ □ **adoption** 名 採用
- □ **raise** 動 上げる ⇒ □ **rise** 動 上がる

訳 多くのクライアントは、私たちと電話やEメールを使って連絡をとりたいと考えているが、直接話したいと考えている方もいます。

Part 6はこう解く

　次は Part 6 です。このパートは Part 5 の文脈依存型問題を解くときと同様に「**文頭からきちんと読み進めて解く**」ことが大切です。

　ただし、特筆すべき注意事項が一つだけあります。それは「**時制を問う問題は、空欄のある文よりも後の文中に正解の根拠があることが多い**」ということです。

　1問目の正解の手がかりが、問題文の中盤、もしくは後半に登場することすらあるのです。

　この「**Delayed Clue**」（遅れて現れる手がかり）を意識して問題文を読み進めていくようにします。

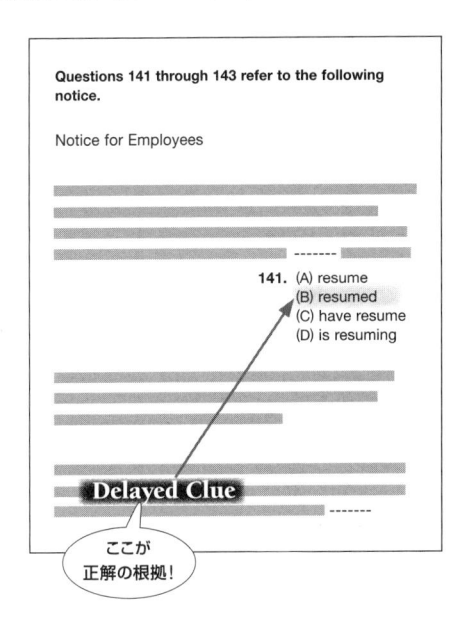

Questions 141 through 143 refer to the following notice.

Notice for Employees

141. (A) resume
(B) resumed
(C) have resume
(D) is resuming

Delayed Clue

ここが
正解の根拠！

173

Questions 141 through 143 refer to the following notice.

Notice of Evaluation for New Employees

This is to serve as a reminder to all employees hired during the spring hiring period of this year that management has scheduled your first performance evaluation. Department managers ------- evaluation

    141. (A) will have conducted
          (B) did conduct
          (C) have conducted
          (D) will be conducting

meetings from the 14th to 18th of this month. All new employees will be evaluated and terms of employment will be renegotiated.

Selected employees will be promoted to full salary positions based on their performance scores and will have access to additional benefits. -------,

    142. (A) For example
          (B) Nonetheless
          (C) Even though
          (D) However

promoted employees with families may choose to purchase a health insurance or dental insurance package. Be sure to discuss these options fully during your performance meeting with your department manager. They will be responsible for explaining all aspects of the ------- to pre-selected candidates.

143. (A) transition
(B) renovation
(C) development
(D) production

解答・解説

問題文と設問・選択肢に番号をつけました。英文をどのような順に読み進めて解答していけば良いのかの目安にしてください。

> **例** ❶⇒……⇒❷とある場合、まずは❶⇒〜⇒❷までの英文を読んで理解した後で❷⇒に進むということを表しています。また、スラッシュは適宜つけておきました。意味のカタマリをこの程度の長さを目安に理解するようにしていけば良いでしょう。

Questions 141 through 143 refer to the following notice.

❶⇒Notice of Evaluation for New Employees

This is to serve／as a reminder to all employees／hired during the spring hiring period of this year／that management has scheduled your first performance evaluation. ❸⇒Department managers -------

    141. (A) ❷⇒❹⇒will have conducted
          (B) did conduct
          (C) have conducted
          (D) will be conducting⇒❸⇒❺

meetings／from the 14th to 18th of this month.⇒❷
141 All new employees will be evaluated／and terms of employment will be renegotiated.⇒❹

176　第3章　Part 5 & 6「解答の極意」

5⇒Selected employees will be promoted to full salary positions based on their performance scores／and will have access to ₁₄₂additional benefits. -------,

142. (A) **6**⇒For example⇒**7**
(B) Nonetheless
(C) Even though
(D) However

promoted employees with families may choose to purchase a health insurance or dental insurance package.⇒**6 7**⇒Be sure to discuss these options fully／during your performance meeting with your department manager. ₁₄₃They will be responsible for explaining all aspects of the ------- to pre-selected candidates.⇒**8**

143. (A) **8**⇒transition
(B) renovation
(C) development
(D) production ⇒このセットの問題が終了

---

141. 正解 (D)

時制が関係する問題は、空欄以降の文に特に意識を向けておきます。

面接のお知らせであることが空欄前までの内容から理解でき、空欄後の All new employees will be evaluated に未来を表す will が使われていることから、従業員の査定はこれから行われることだと判断することができます。

(A) と (D) に will がありますが、(A) の will have conducted という未来完了形は「未来のある時点」が文中に示され、なおかつ「その時点では動作が完了している（はず）」ことを表すので不正解です。

正解は (D) になります。

177

142. 正解 (A)

空欄の前に additional benefits「追加の福利厚生」とあり、後には promoted employees with families may choose to purchase a health insurance or dental insurance package.「昇進した家族持ちの社員は健康保険もしくは歯科保険の購入を選択することができます」とあります。

空欄後は additional benefits の一つの例を挙げているので、(A) の For example「たとえば」が正解です。

143. 正解 (A)

空欄の前に They will be responsible for explaining all aspects of とあり「They (= managers) がすべての状況を説明する責任がある」と述べています。

「何の」すべての状況なのかということになりますが、文脈から昇進とそれに伴う変化についてのことであると判断し、(A) の transition「変化」を選びます。

- □ **serve as** 〜としての役割を果たす
- □ **reminder** 名 リマインダー
  - ⇒ □ **remind** 動 思い出させる
  - ⇒ □ **remind A of B** AにBのことを思い出させる
  - ⇒ □ **remind A that** Aにthat以下のことを思い出させる
- □ **hire** 動 雇う   □ **hiring period** 採用期間
- □ **management** 名 経営者、経営側
  - ⇒ □ **manager** 名 マネージャー、部長
- □ **schedule** 動 予定する
  - ⇒ □ **be scheduled to do** 〜することになっている
- □ **performance evaluation** 業績査定

- □ **employee** 名 従業員
  - ⇒ □ **employ** 動 雇う ⇒ □ **employee** 名 従業員
  - ⇒ □ **employer** 名 雇用主
- □ **conduct** 動 行う ⇒ □ **conduct a survey** 調査を実施する
- □ **evaluate** 動 査定する、評価する ⇒ □ **evaluate** 名 評価
- □ **terms of employment** 雇用条件
- □ **renegotiate** 動 再交渉する
  - ⇒ □ **negotiate** 動 交渉する ⇒ □ **negotiation** 名 交渉
- □ **select** 動 選ぶ ⇒ □ **selection** 名 選択
- □ **be promoted to** ～に昇進する
  - ⇒ □ **promotion** 名 昇進、宣伝、促進
- □ **full salary positions** 満額給与のポジション
- □ **based on** ～に基づいて　□ **performance score** 業績点
- □ **have access to** ～を入手できる、手に入れられる
  - ⇒ □ **access** 名 利用する権利 動 利用可能にする
- □ **additional** 形 追加の
  - ⇒ □ **add** 動 追加する ⇒ □ **addition** 名 追加
  - ⇒ □ **additionally** 副 加えて
  - ⇒ □ **in addition to** ～に加えて
- □ **benefits** 名 福利厚生
- □ **for example** たとえば（≒ □ for instance）
- □ **nonetheless** 副 しかしながら
- □ **even though** ～にもかかわらず、～であるけれども
  - ⇒ □ **even if** たとえ～でも
- □ **however** 副 しかしながら
- □ **choose** 動 選ぶ ⇒ □ **choice** 名 選択（≒ □ selection）
- □ **purchase** 動 購入する
  - ⇒ □ **make a purchase** 買い物をする、仕入れをする
- □ **health insurance** 健康保険
- □ **dental insurance package** 歯科保険
- □ **be sure to** 必ず～する
- □ **discuss** 動 話す ⇒ □ **discussion** 名 話し合い
- □ **fully** 副 十分に ⇒ □ **full** 形 十分な
- □ **performance meeting** 業績査定面接

- □ **department manager** 部門長
- □ **be responsible for** ～に対して責任がある
  (≒ □ be in charge of)
- □ **explain A to B** AをBに説明する
- □ **aspect** 名 状況、局面
- □ **pre-selected** 形 事前に選考された
- □ **candidate** 名 候補者　□ **transition** 名 変化
- □ **renovation** 名 刷新 ⇒ □ **renovate** 動 修理する、改装する
- □ **development** 名 開発 ⇒ □ **develop** 動 開発する
  ⇒ □ **developer** 名 開発者、住宅開発業者
- □ **production** 名 製造
  ⇒ □ **produce** 動 生産する　名 農産物
  ⇒ □ **product** 名 製品 ⇒ □ **productivity** 名 生産性
  ⇒ □ **productive** 形 生産的な

訳

問題141～143は以下のお知らせに関するものです。

新入社員考課のお知らせ。

これは、今年の春季採用期間に雇用された全新入社員に対し、経営陣がみなさまの第1次業績査定を予定することをお知らせするものです。各部門長が業績査定面接を今月の14日から18日まで実施します。

全新入社員は査定され、雇用条件が再検討されます。
一部の社員は、業績点をベースに満額給与のポジションに昇進となる場合があり、その他の福利厚生の利用が可能となります。たとえば、昇進した家族持ちの社員は健康保険もしくは歯科保険への加入を選択することができます。

業績査定面接の際、それらのオプションについて部門長と十分に検討していただくようお願いいたします。彼らは事前に選考された候補者

に、その昇進に伴う変化に関するすべてのことを説明する責任があります。

141. (A) 未来完了形
     (B) 過去形 (conducted) の強調
     (C) 現在完了形
     (D) 未来進行形

142. (A) たとえば
     (B) 〜にもかかわらず
     (C) たとえ〜でも
     (D) しかしながら

143. (A) 変化
     (B) 刷新
     (C) 開発
     (D) 製造

全力の「練習問題」

実戦トレーニング

ここまで紹介してきた2パターンの解法を、自分の型として身につける練習をしてみましょう。

品詞問題でも文脈依存型問題でも、まずは選択肢を見ることから始まります。

以下の6問を3分間で解答してみてください。

103. At the last board meeting, Steven Collins ------- on the progress in implementing the new company-wide recycling program.

(A) report
(B) will report
(C) was reported
(D) reported

104. The higher minimum wage approved by the California state government will lead to an increase ------- the cost of labor for local businesses.

(A) off
(B) at
(C) in
(D) up

105. Mr. Ebihara will go to the meeting room and make sure everything is set up at least one hour before ------- presents his proposal to the new clients.

(A) him
(B) his
(C) he
(D) himself

106. Takao Co., Ltd. will produce instant Coffee ------- for local consumption and for overseas export.

(A) either
(B) yet
(C) whether
(D) both

107. We spent days suggesting many ideas and ------- summarized them into a one-page overview for the CEO.

(A) eventual
(B) eventually
(C) eventuality
(D) eventualities

108. Ms. Wakabayashi explained that the ------- marketing campaign for Seer's new diet drink is aimed at young men in their twenties.

(A) proposer
(B) proposed
(C) proposing
(D) propose

実戦トレーニング　解答・解説

🔊 20 ～ 🔊 25

103. At the last board meeting,／Steven Collins／
------／on the progress／in implementing
the new company-wide recycling program.

(A) report
(B) will report
(C) was reported
(D) reported

正解 (D)

1. 時制と態（能動態か受動態かを見極める）の問題です。
   文頭からカタマリごとに意味をとっていきます。
   last から過去のことであることがわかるため (C) と (D) が
   正解候補に絞られます。

2. Steven Collins は report「する（＝能動態）」のか「される
   （＝受動態）」のかを考えると、内容から report「する」側で
   あると判断できるので、正解は (D) になります。
   report on は「〜について報告する」という意味です。

- ☐ **report on** 〜について報告する
   ⇒ ☐ **report to** 〜の下で働く、〜に報告する
   ⇒ ☐ **report to work** 出勤する
- ☐ **progress** 名 進捗　☐ **implement** 動 実施する
- ☐ **company-wide** 形 全社的な
- ☐ **recycling program** リサイクリング計画

訳 前回の役員会議で、Steven Collins は新しい会社規模のリサ
イクルプログラムの実行の進捗状況を報告しました。

(A) 名詞で「報告」、動詞で「報告する」
(B) 未来を表す
(C) 過去の受動態
(D) 過去形

104. The higher minimum wage／approved by the California state government／will lead to／an increase／------- the cost of labor／for local businesses.

(A) off
(B) at
(C) in
(D) up

正解 (C)

① 前置詞が選択肢に並んでいます。
文頭から読み進め、前から意味をとっていきます。

② 「より高い最低賃金／カリフォルニア州に認可された／つながる／増加に／人件費の／地元の企業にとって」のように、意味のカタマリで区切って理解します。
前置詞の前にスラッシュを入れ、意味を前からとっていけば良いのですが、approved by（過去分詞＋前置詞）、lead to（自動詞＋前置詞）のようなカタマリで意味をとる方が理解しやすいという方は、そのように区切ってみても構いません。

③ increase は the cost of labor という範囲の中で起きるものなので、正解は (C) の in です。
increase in で「〜における増加」と覚えておきましょう。

「昨年は売り上げが3%増えた」という場合は、Our sales increased by 3 percent last year. と表現します。

❌ □ **minimum wage** 最低賃金
□ **approve** 動 認める ⇒ □ **approval** 名 賛成
□ **state government** 州政府   □ **lead to** ～につながる
□ **increase in** ～における増加   □ **cost of labor** 人件費
□ **local businesses** 地元の企業

訳 California州政府が承認した最低賃金の引き上げにより、地元企業の労働コストの増加が引き起こされる見込みです。
(A) ～から離れて
(B) ～で
(C) ～において
(D) ～の上へ

105. Mr. Ebihara will go to the meeting room／and make sure／everything is set up／at least one hour／before ------- presents his proposal to the new clients.

(A) him
(B) his
(C) he
(D) himself

正解 (C)

1 代名詞の格の問題です。

空欄の前後を見るだけで解答できる場合もありますが、Part 5 & 6はすべての英文を読んで解答するというスタ

187

ンスで臨みましょう。

また、主語の後や動詞の前後で区切って意味をとるのが基本ですが、慣れてきたら意味のカタマリをどんどん大きくしていきましょう。徐々に大きなカタマリの単位で英文の内容が理解できるようになってくるはずです。

2 空欄の直前にある before は、空欄後に動詞の presents があるため接続詞と判断し、接続詞＋主語＋動詞の流れになると理解します。

よって (C) の he が正解になります。

□ **make sure** 確認する
□ **be set up** セットアップされている
□ **at least** 少なくとも
　⇒ □ **more or less** 多かれ少なかれ
　⇒ □ **much less** まして〜ではない
□ **present** 動 プレゼンを行う、贈る、提示する　形 現在の
□ **proposal** 名 提案　⇒ □ **propose** 動 提案する
□ **client** 名 クライアント　⇒ □ **clientele** 名 常連、依頼人

訳 Ebihara さんは、新規顧客に提案をプレゼンする少なくとも1時間前には会議室に行き、すべてがセットアップされていることを確認するでしょう。
(A) 目的格で「彼を [に]」
(B) 所有格で「彼の」
(C) 主格で「彼は」
(D) 所有代名詞で「彼のもの」

106. Takao Co., Ltd. will produce instant Coffee／
------- for local consumption／and for
overseas export.

(A) either
(B) yet
(C) whether
(D) both

正解 (D)

1. either や both が選択肢に並んだ場合、相関関係のある単語が問題文中にあるかどうかをまずは見てみます。
代表的なものとして、
   - **both A and B**　AとBの両方
   - **A and B alike**　AとBの両方
   - **either A or B**　AかBのどちらか
   - **neither A nor B**　AでもBでもない
   - **not only A but also B**　AだけでなくBも
   - **whether A or B**　AであろうとBであろうと

   などがあります。
   今回は and が空欄後を読み進めると出てくるため、both A and B のパターンではないかと仮定。念のため文頭から意味をとっていきます。

2. Takao Co., Ltd. はインスタントコーヒーを製造する予定で、それは地元と海外の両方に向けてのものだという内容です。

   正解は (D) です。

- □ **produce** 動 生産する 名 農産物
  - ⇒ □ **product** 名 製品 ⇒ □ **production** 名 生産
  - ⇒ □ **productivity** 名 生産性
  - ⇒ □ **productive** 形 生産的な
- □ **local consumption** 地元での消費
- □ **overseas** 形 海外の ⇒ □ **abroad** 副 海外に
- □ **export** 名 輸出 動 輸出する
  - ⇒ □ **import** 名 輸入 動 輸入する

訳 Takao Co., Ltd. は地産地消向けのものと海外輸出向けのもの、どちらのインスタントコーヒーも生産する予定です。
(A) either A or B で「A か または B か (いずれかを)」
(B) 接続詞で「しかし」、副詞で「もう、まだ」
(C) whether A or B 「A であろうと B であろうと」
(D) both A and B で「A も B も両方とも」

107. We spent days suggesting many ideas／and ------- summarized them into a one-page overview for the CEO.

(A) eventual
(B) eventually
(C) eventuality
(D) eventualities

正解 (B)

1 選択肢には event の派生語が並んでいるので品詞問題です。
品詞問題は空欄の前後を読むだけで解答できる問題がほとんどですが、文頭から全文読んで解答するトレーニン

190　第3章　Part 5 & 6「解答の極意」

グを積むよう常に心掛けるようにしてください。今回は緊急時用（本番で時間が足りなくなったときのため）に、選択肢＋空欄の前後だけで解答するパターンを示しておきます。

2 空欄の前には接続詞の and があるので、その前でスラッシュ、空欄後には動詞の過去形があるため、その動詞を修飾する品詞を選択します。

動詞を修飾するのは副詞です。正解は (B) の eventually になります。eventual は形容詞です。形容詞に -ly がつくと副詞になる、と覚えておきます。

eventuality の -ty は名詞を表す語尾であり、(D) の eventualities は eventuality を複数形にしたものです。-ty の語尾の名詞を複数形にする際は「語尾の y を i に変えて es をつける」と覚えておきます。

- □ **spent** 動 費やした、過ごした ※spendの過去形
- □ **suggest** 動 提案する、示唆する
    ⇒ □ **suggestion** 名 提案、示唆
- □ **summarize A into B** AをBに要約する
- □ **overview** 名 概要
- □ **CEO** 名 最高経営責任者 ※Chief Executive Officer
    ⇒ □ **CFO** 名 最高財務責任者 ※Chief Financial Officer

訳 私たちはたくさんのアイデアの提案に何日も費やし、最終的に CEO 向けに 1 ページの概要説明としてまとめました。
(A) 形容詞で「最後の」
(B) 副詞で「ついに」
(C) 名詞で「不測の事態」
(D) 名詞の複数形

191

108. Ms. Wakabayashi explained that／the -------
marketing campaign／for Seer's new diet drink
／is aimed at young men in their twenties.

(A) proposer
(B) proposed
(C) proposing
(D) propose

正解 (B)

1. 選択肢には propose の派生語が並んでいるので品詞問題です。空欄の前後に注目します。
2. 空欄の直前には冠詞の the、直後には名詞句の marketing campaign があるため、直後の名詞を修飾する形容詞に相当するものを選択します。
3. 選択肢のうち、名詞を修飾する形容詞的な働きをするものは (B) の過去分詞と (C) の現在分詞です。
   過去分詞には受け身の意味（〜される）があり、現在分詞を使うのは修飾する名詞自体が能動的に何らかの動作を行っている場合がほとんどです。
4. marketing campaign は、誰かによって「提案される」ものであり、キャンペーン自体が「提案している」動作を行う主体になることはありません。
   正解は (B) の proposed になります。

□ **explain** 動 説明する ⇒ □ **explanation** 名 説明
□ **marketing campaign** 販売キャンペーン
□ **be aimed at** 〜を狙ったものである
  ⇒ □ **aim at** 〜を狙う
  ⇒ □ **aim to do** 〜することを目標としている
□ **in their twenties** 20代の

192　第3章　Part 5 & 6「解答の極意」

訳 Wakabayashiさんは、提案されたSeer社の新製品のダイエット飲料販売キャンペーンが20代の若い男性に向けたものだと説明しました。

(A) 名詞で「提案者」
(B) 動詞の過去形
(C) 動詞のing形
(D) 動詞で「提案する」

全力で壁を超える勉強法 3
学習スタイルをつくりあげることの大切さ

学習スタイルを変えようとするとき、いつも非常に考え込んでしまうタイプの方がいます。

本屋に出かけ、一冊の本を購入するのに数時間あれこれ思いを巡らすことも少なくありません。

どうしても「あれもやりたい、これもやりたい」という気持ちが強くなってしまうので、教材の絞り込みに苦労してしまう方、いらっしゃいますよね。

「語彙力強化はその本にしよう」
「文法はこの本が良いかな」
「読解はあの本の評判が良いな」
「リスニングはこの本しかないだろう」
……書店の TOEIC コーナーに行くと、決めきれない・選びきれない自分……僕もかつてはそうでした。

個人的な経験から言わせていただくと、TOEIC のスコアアップのみを徹底的に追求するのであれば**一冊の本を完璧に100%、いや200% キッチリ仕上げることが、最も効率的なやり方であると断言します。**

学習初期、毎月何冊も TOEIC の問題集を買い続けていました。amazon.co.jp のランキング上位のものから順に購入していき、1周して復習を終えたら次の本へ。

また1周したら次の本へと進んだのです。もちろんていねいに1周していた"つもり"ではあったのですが、やはりそのようなやり方では本に書いてある内容の70〜80%程度の定着しか得られませんでした。

せっかく購入した本なのに、70〜80%程度の理解度・定着率しか得られないのではもったいないですよね。

このやり方だと、ある一定のレベルから上のスコアを望むことは非常に厳しくなるということを、当時の僕は身をもって知ったのです。

その本にある内容を100%完璧に自分が使える知識として定着させるということ、一冊の本を徹底的にやり込んで極めるということ。

　このような意識を持って学習に取り組むようになって以来、一段階上の次元に上がることができ、道が開けてきたと感じるようになったのです。

　たとえば公式問題集であれば、400問すべてを完璧に正解でき、なおかつ全問解説もできるようになるまでやりこみます。

正解に至る過程を説明できるのはもちろんのこと、不正解の選択肢が不正解である理由も、しっかりと説明できるようにするのです。

　そこまでやってはじめて、「この本をマスターすることができた」と言えるのです。

　僕の考える、TOEIC対策としての理想の学習スタイルは、**「一冊の本だけを毎日徹底的にやりこむ」**スタイル（模試や総合対策書を使う場合）と、**「毎日30分もやれば1週間で終わらせられるような薄めの本を、分野別に二冊同時並行で取り組む」**スタイルの2パターンです。

　TOEICに特化した学習を行う際は、同時に二冊くらいであればオーバーワークにはならないと思います。

　隙間時間を徹底的に活用すれば（通勤時間や、会社の昼休みなど）毎日少なくとも30分～90分程度の時間を捻出することができるはずです。

　参考書・問題集を選ぶポイントについて、よく質問を受けることがあります。

　そんなとき僕は、何冊かの本を実際に書名や著者の名前を挙げてお答えさせていただいていますが、最後はご自身で実物を手にしてチェックし、**自らの意志で「よし、この本**

を完璧に仕上げるぞ」と思える参考書・問題集を購入するのがベストです。

　TOEICの参考書や問題集……決して安い買い物ではありません。

　「なんとなく良さそうだから買ってみよう」という、軽い感覚で購入するのは本当にもったいないことだと思います。

　スコアが990点であることはもちろん、毎回公開テストを受験し続け、分析し続けている信頼できる著者の本。そして信頼できる学習仲間が薦めてくれる本がベストです。

　自分が信頼している好きな先生の著書や、しっかりと成果を出している、信用できる学習仲間が取り組んでいる参考書に問題集。

　「この本に真剣に・本気で取り組めば、必ずや飛躍的にTOEICのスコアが上がる」と、心の底から信じて学習を続けていくことが大切なのです。

　信用できる・信頼できる本に対してならば、人は本気になれます。

　たとえそれがどんなに素晴らしい参考書や問題集だったとしても、肝心の本人が本気で取り組まないのであれば効果は期待するべくもありません。半減、いや、それ以下の効果すら得ることができないかもしれません。

　手を広げて消化不良にならないように、逆に狭めすぎて物足りなくならないように、色々と工夫し、試行錯誤した上で、自分の納得できる学習スタイルをつくりあげてみてください。

　量と質の絶妙なバランスの追求、常にそれを意識しつつ、これからも気分良く学習を継続していけると良いですね。

　どんな参考書や問題集でも、**まずは1周やり終えてみることを目標にする。**

そして2周目に弱点のみを補強。3周目にはもう一度通読し、内容をすべて理解して、掲載されている問題を全問正解できたらひとまずは**終了**とする。

色々と手を広げて挫折してきた方は、あまり多くの本に手を出さないようにしてみてください。手持ちの本を200%完璧に仕上げることを、一度やり遂げてみてほしいのです。

それが必ず自信になります。

百の情報よりも、一度の体感。
これがすべてです。
そして、努力の末に得た達成感は、次のステージへの**原動力**です。
そのためには**「目の前のことに集中」**してみてください。
ノルマに追われることなく、今まさに手にしている本、問題、音声に全力で集中するということ。
これを続けていけば、ある日必ず効果を感じるときが訪れるはずです。

軌道に乗るまでには労力が必要ですが、一度車輪が回りだせば、その後は加速する一方なのです。
「目の前のことに集中し、それを日々継続する」こと。
ごくごく一握りの天才は別かもしれませんが、自分の経験から考えても、**普通の僕たちにとって、安直で楽な道などないのです。**
試行錯誤の継続が、自分にとって最高の学習スタイルをつくりあげるのです。

第4章

全力で壁を超えろ

Part 1 & 2 「解答の極意」

正解する
ための
メリハリ。

全力の「技」

音声を聴きながらすべきこと

Part 1 & 2に共通する、練習しておくべき必須事項として**「音声を聴きながらすべきこと」**を挙げておきます。

Part 1はこう解く　解法の極意

① Directionsが流れている間に、写真に目を通しておきます

問題の音声が流れる前に、どんな内容の英文が流れてくるかを予想します。

英語でそれができればベストですが、日本語でももちろん構いません。

例　女性が本を読んでいる、女性がバック・パックを背負っている、女性は半そでのシャツを着ている、天井にライトが並んでいる……など。

このようにどんな音声が流れてくるかを、日本語でも良いので予想しておくと、音声が流れてきたときに英文と写真が瞬間的に一致しやすくなります。

200　第4章　Part 1 & 2「解答の極意」

2 マークシート上に鉛筆の先をおきながら、(A)〜(D)の選択肢の音声を聴きます

① (A)が正解だと思った場合、鉛筆の先は(A)の上においたままにしておきます。
② (A)が不正解だと思った場合には、鉛筆の先は(B)に移動させます。
③ (A)が正解か不正解か判断がつかなかった場合には、鉛筆の先は(A)のままにしておきます。

すでに正解だと思った選択肢(もしくは正解かもしれないと思った選択肢)がある場合には、その選択肢の上に鉛筆の先をおいたままの状態で後から流れる選択肢の音声を聴きます。

後から流れた選択肢の中に「確実にコレが正解だ」と思った場合にのみ鉛筆の先をそこへ移動させます。

正解だと確信できる(もしくは正解かもしれないと思える)選択肢が出てくるまでは、鉛筆の先を一つずつ、(A)から(B)へ、(B)から(C)へと、選択肢の英文を聴き終えるごとに移動させます。

(D)の音声までしっかりと集中して聴き取り、最終的に鉛筆の先にある選択肢が、マークすべき選択肢となります。

この手法はPart 2にも共通して使えるので、是非活用してください。

ちなみにこの方法は、マークミス対策にもなり一石二鳥です。ですから、普段から問題を解く際はできるだけマークシートを使うようにし、より実戦に近い形でトレーニングを積むようにしてみてください。

③ 「動作を表す表現」と「状態を表す表現」の差に注意します

有名なところでは、
① She is wearing a shirt. [状態]
② She is putting on a shirt. [動作]
の2パターンが挙げられます。
①も②も、正解の選択肢として実際に公開テストで出題されたパターンです。

④ 写真から判断できない表現は不正解です

写真から判断できないような、感情を表す表現や、写真に全く写っていない人や物を表す表現は、すべて不正解となります。

⑤ 発音が似ている単語に惑わされないようにします

letter と ladder、read と lead などのような、発音が似ている単語に注意します。
基本的に「すべての音声を聞き取り、単語だけではなくセ

ンテンスの内容全体をしっかりと理解する」というスタンスで臨めば全く問題はありません。

6 受身の進行形には動作主が必要です（例外あり）

受身の進行形は（基本的に）人が写っていて、その人が何かしら動作を行っている状況であると考えておいて良いです。

The copier is being used in the library.

この場合、必ず写真には人が写っていて、コピー機を今まさに使っているという状況になります。

Part 2はこう解く　解法の極意

1 呼吸を整えます

以前 Part 2を苦手としていた頃、次々と襲い掛かってくる問題からのプレッシャーに負けそうになり、ともすると過呼吸になるのでは、というくらいの息苦しさに苛まれたこともありました。

これを克服する手段として、以下のことを行っていました。

① 問題番号が読み上げられるときに息を吸います
② 少しずつ息を吐きながら (A)〜(C) の選択肢を聴きます

これら一連の呼吸法を行うことにより、解答するリズムがうまく整うようになりました。

これを、無意識にできるようになるまで続けていきます。

② 緩急をつけましょう

問題と問題の間では軽く脱力し、肩の力を抜きます。1問ごとに気持ちを切り替えていきます。

自信を持って解答することができなかったときは、次の問題に影響が出てしまう場合が多々あります。

集中と脱力を繰り返し、メリハリをつけて問題に臨むことが大切です。

③ 質問のリテンションをいかにするかが大切です

どんな質問をされたのかを、(B) や (C) の音声が流れる頃には忘れてしまうことがよくありますよね。

質問を英語のまま理解し、選択肢が流れてくる間に何度も唱え続けることができれば万全ですが、それが難しい場合には、Part 3 & 4 の先読み時と同様に**「要約リテンション」**（簡単な日本語に訳してリテンションする方法）を行うと良いでしょう。

そのためには、瞬間的に英文を日本語に置き換えるトレーニングを積むことが必要です。きれいな日本語でなくても構いません。

例

① Part 2 が苦手な人にお勧めのリテンションのやり方

質問：Can I borrow your pencil?
鉛筆借りれる？　鉛筆借りれる？　鉛筆借りれる？……
（以後音声が始まるまで、頭の中で繰り返します）
選択肢：(A) Yes, I can. 　（違う）

鉛筆借りれる？　鉛筆借りれる？　鉛筆借りれる？……
　選択肢：(B) I think I will. （これも違う）

鉛筆借りれる？　鉛筆借りれる？　鉛筆借りれる？……
　選択肢：(C) No problem. （これだ！）
解答用紙の (C) をマークする。

② Part 2 はそれほど苦手ではないが、それでもどうしても数問落としてしまうような人にお勧めのリテンションのやり方

質問：Can I borrow your pencil?
　　　Can I borrow your pencil?
　　　Can I borrow your pencil?
　　　Can I borrow your pencil?
(以後音声が始まるまで、頭の中で繰り返します)
　選択肢：(A) Yes, I can. （違う）

　　　Can I borrow your pencil?
　　　Can I borrow your pencil?
　　　Can I borrow your pencil?
(以後音声が始まるまで、頭の中で繰り返します)
　選択肢：(B) I think I will. （これも違う）

　　　Can I borrow your pencil?
　　　Can I borrow your pencil?
　　　Can I borrow your pencil?
(以後音声が始まるまで、頭の中で繰り返します)
　選択肢：(C) No problem. （これだ！）
⇒ 解答用紙の (C) をマークする。

4 意識しておくと良いこと

① 少なくとも（疑問詞＋）主語＋動詞までは、きちんとすべて聴き取って理解することを目指しましょう
② 時制には絶えず意識を向けましょう。動詞や時間に関する表現を常に意識します。
③ ところどころ聴き取れなかったとしても、全体的に「何を言っているのか」を理解しようとする姿勢で臨みましょう。

5 選択疑問文は「何と何を比較しているのか」に注意してください

選択疑問文は長くなります。

Has the company hired someone to take Mary's place, or are they still receiving applications?

これをすべてリテンションしつつ選択肢の(C)まで聴き続けるのは、なかなか難しいと思います。

① Part 2が苦手な人にお勧めのリテンションのやり方
「誰か雇った？まだ申込める？」
簡単な、最低限の日本語にまとめてリテンションします。

② Part 2はそれほど苦手ではないが、数問落としてしまうような人にお勧めのリテンションのやり方

Has the company hired someone, or still receiving applications?

英文を要約してリテンションします。

Part 2は細かい部分に注意することも大切ですが、質問している人が何を伝えたいのか、その内容や意図を瞬間的に理解することが重要です。

　質問がきちんと聴き取れなければ、たとえ選択肢を三つともすべて完璧に聴き取れたとしても正解を得ることはできません。

　質問に出てきた単語そのものや、音の似ている単語がたとえ(A)～(C)に出てこようとも、すべての英文の内容がきちんと理解できれば問題ないのです。

　全力で音声に集中し、聴き取った質問の内容をリテンションし続けることが最優先です。その上で、選択肢の音声を正確に聴き取ることに注力してください。

全力の「練習問題」

実戦トレーニング

Part 1

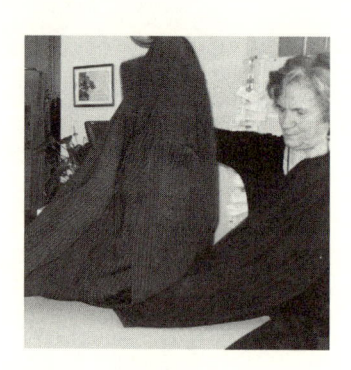

1.

(26)

Ⓐ Ⓑ Ⓒ Ⓓ

2.

(27)

Ⓐ Ⓑ Ⓒ Ⓓ

3.

Ⓐ Ⓑ Ⓒ Ⓓ

4.

Ⓐ Ⓑ Ⓒ Ⓓ

Part 2

11. Mark your answer on your answer sheet. 🔊30

Ⓐ Ⓑ Ⓒ

12. Mark your answer on your answer sheet. 🔊31

Ⓐ Ⓑ Ⓒ

13. Mark your answer on your answer sheet. 🔊32

Ⓐ Ⓑ Ⓒ

14. Mark your answer on your answer sheet. 🔊33

Ⓐ Ⓑ Ⓒ

実戦トレーニング　解答・解説

Part 1

1.

(A) The car is being driven in the country.
(B) The car doors are being washed.
(C) The woman is exiting the automobile.
(D) The men are heading to a parking space.

訳 (A) 車が田舎で運転されているところである。
(B) 車のドアが洗われているところである。
(C) 女性は車から出てくるところである。
(D) 男性たちは駐車場に向かっている。

□ **exit** 名 出口
□ **automobile** 名 自動車
　⇒ □ **vehicle** 名（地上の輸送手段の）乗り物、車、車両
□ **head** 動 向かう　　□ **parking space** 駐車場

正解 (C)

(A) と (B) は、文の前半に The car が出てきますが、後半の内容が写真と一致しないため不正解となります。また、両方とも主語が物で動詞が be 動詞 + being + 過去分詞という「**受け身の進行形**」になっています。受け身の進行形は、写真では人が何らかの動作を行っている場合がほとんどであると

211

いうことを覚えておいてください。

(D) は、男性たちがどこかに向かっているのはわかりますが、それが駐車場であるかどうかは写真から判断することができません。

よって正解は (C) になります。

2.

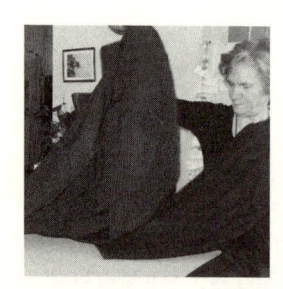

(A) A woman is arranging merchandise on the shelves.
(B) A woman is examining some clothing.
(C) A woman is wiping the clock.
(D) A woman is wrapping up a suit.

訳 (A) 女性は商品を棚に並べている。
(B) 女性は何着かの服を調べている。
(C) 女性は時計を拭いている。
(D) 女性はスーツを包んでいる。

- □ **arrange** 動 並べる、配置する ⇒ □ **arrangement** 名 配置
- □ **merchandise** 名 商品　□ **shelf** 名 棚
- □ **examine** 動 見る、調べる ⇒ □ **examination** 名 試験
- □ **wipe** 動 拭く　□ **clock** 名 時計
- □ **wrap** 動 包む

正解 (B)

衣類をチェックしている女性の姿を客観的に描写している (B) が正解です。

(A) は写真とは無関係の内容であり、(C) の clock はわずかに写ってはいますが、女性はそれを拭いてはいません。

(D) の suits は写真に大きく写っていますが、女性はそれを包んでいる最中ではないので不正解です。

(B) にある examine は「レストランのメニューを見ている」写真で正解として登場することがあります。

> 例　They're examining a menu in a restaurant.
> 「彼らはレストランでメニューを見ている」

3.

(A) The woman is tacking an advertisement to a board.
(B) Papers have been attached to a column.
(C) The woman is dusting off her jacket.
(D) The street intersects with a square.

訳 (A) 女性は広告を掲示板に留めている。
　(B) 紙が円柱に貼り付けられている。
　(C) 女性は上着のほこりを払っているところである。
　(D) 街路が広場と交わっている。

213

- □ **tack** 動 鋲で留める
- □ **advertisement** 名 広告
    ⇒ □ **advertise** 動 広告する、宣伝する
- □ **board** 名 掲示板　動 (船・列車・飛行機に) 乗る
- □ **attach** 動 取りつける、貼りつける
    ⇒ □ **Attached be** ～を添付します
    ⇒ □ **Enclosed be** ～を同封します
- □ **column** 名 柱　　□ **dust off** ほこりを払う
- □ **intersect** 動 交差する ⇒ □ **intersection** 名 交差点
- □ **square** 名 広場

正解 (B)

(A)と(C)には、the woman が出てきますが、いずれも動作が写真の状況と一致しないため不正解となります。

(D)は写真からは判断することができないため正解ではありません。**想像で正解を選ばないように注意してください。**

(B)の have been attached は現在完了形です。すでにその動作が終わっていて、今もその状態が続いていることを表しています。**受け身の現在完了形は、現在形のふつうの受動態の文でも表すことができます。**

Papers have been attached to a column. ⇒

Papers are attached to a column.

上記のどちらも「紙が円柱に貼り付けられている」という状況を描写しています。

4.

(A) A merchant is entering a store.
(B) A worker is moving some necklaces in a warehouse.
(C) Swimmers are going aboard a boat.
(D) Some accessories are being transported by a bicycle.

訳 (A) 商人が店に入っていくところである。
(B) 従業員が倉庫でいくつかのネックレスを移動させている。
(C) 泳ぎ手がボートに乗ろうとしているところである。
(D) いくつかの装身具が自転車で運ばれているところである。

□ **merchant** 名 商人 ⇒ □ **merchandise** 名 商品
□ **enter** 動 入る ⇒ □ **entrance** 名 入り口
□ **necklace** 名 ネックレス □ **warehouse** 名 倉庫
□ **go aboard** 海外に行く（≒ □ go overseas）
□ **transport** 動 運ぶ ⇒ □ **transportation** 名 輸送

正解 (D)

装身具が自転車で運ばれている様子を描写した (D) が正解です。一瞬「あれは何だ？」と思わせるような写真が、Part 1 には毎回 1〜2 枚登場します。**一呼吸置き、冷静に写っているものが何なのかを、音声が流れてくる前に確認するようにしましょう。**

215

最近の公開テストでは、merchant、transport などのあまり耳慣れない単語が Part 1 で頻繁に出題されるようになってきています。最新の公式問題集をはじめ、インターネット上で出題傾向をチェックすることもテスト対策として有効です。

Part 2

11.

Where do we keep the extra brochures?

(A) Ask Charles.
(B) Don't order any.
(C) It was on my desk.

> **訳** 余分なパンフレットはどこに保管しますか。
> (A) Charles に聞いてください。
> (B) 何も注文しないでください。
> (C) それは私の机の上にありました。

□ **extra** 形 余分の
□ **order** 動 注文する（≒□ place an order、put an order）

正解 (A)

「余ったパンフレットをどこに保管しますか？」という質問に対して、(A) が最も自然な応答になります。

場所がどこかを質問しているのに、(B) の「注文しないでください」では会話が成立しません。

(C) の It は複数形の brochures を受けることができないので不正解です。(C) の選択肢は、一瞬正解かと迷う可能性があるかもしれません。**時制と数（登場する名詞が単数か複**

216　第4章　Part 1 & 2「解答の極意」

数か)、そして態(能動態か受動態か)を絶えず意識して音声を聴くことが大切です。

12.

Don't we have a meeting now?

(A) No, it was cancelled.
(B) I like meat.
(C) They are from Italy.

> 訳 今はミーティングがあるのではないのですか。
> (A) いいえ、キャンセルされました。
> (B) 私は肉が好きです。
> (C) 彼らはイタリアから来ました。

□ **cancel** 動 キャンセルする ⇒ □ **cancellation** 名 キャンセル
□ **meat** 名 肉

正解 (A)

否定疑問文はnotを無視して考えると理解しやすくなります。つまり Do we have a meeting now? と考えれば良いのです。

(B) は meeting と meat を使った音のひっかけであり、(C) だと全く会話が成立しません。

正解は (A) です。

13.

Why did the flight arrive so late?

(A) Yes, there are still seats available.
(B) Ms. Ogawa came in today.
(C) It snowed a lot on the way.

> **訳** その便はなぜそんなに遅れて到着したのですか。
> (A) はい、まだ空席があります。
> (B) Ogawa さんが今日いらっしゃいました。
> (C) 途中、激しい降雪がありました。

- □ **flight** 名 フライト、航空便
- □ **arrive** 動 到着する ⇒ □ **arrival** 名 到着
- □ **late** 副 遅れて 形 遅い ⇒ □ **lately** 副 最近
  ⇒ □ **latest** 形 最新の 名 最新のもの
  ⇒ □ **at the latest** どんなに遅くても
- □ **seat** 名 席 動 着席させる
  ⇒ □ **Please be seated.** お座りください。
- □ **available** 形 利用できる、空いている
  ⇒ □ **availability** 名 利用できること

正解 (C)

「なぜ飛行機は遅れて到着したのか」という質問に対して、Because を省略して「激しい降雪のせいです」と応答する (C) が最も適切な選択肢になります。

Why ~? に対して (A) のように Yes で応答することはできず、(B) では全く内容が噛み合いません。

14.

How long has Stephanie been working here?

(A) Yes, she's been doing well.
(B) In about 15 minutes.
(C) For almost 2 years.

訳 Stephanie はここで、どのくらいの期間働いているのですか。
(A) はい、彼女は上手くやっています。
(B) およそ15分後です。
(C) 2年近くです。

正解 (C)

How〜? で始まる疑問文はいくつかのパターンがありますが、How long〜? は期間を質問する場合に使う表現です。

(A) は How long〜? に対して Yes と答えるのは不自然なので不正解、(B) の in about fifteen minutes は「15分後くらいに」という意味なので、これも不正解です。

全力で壁を超える勉強法 4
参考書＆問題集は狭く・深くやる

　学習者の方からよく受ける質問の中でもかなり頻度が高いもの。それは**「どの時点で次の問題集に進めば良いですか？」**という質問です。参考書や問題集は、単に一通りやれば良い、すべての問題を解き終えられればそれで良いという訳ではありません。

　たとえば、**三冊の問題集を1周ずつやるのではなく、一冊の問題集を3周する方が内容が定着し、確実に実力がつく**ことを僕はこれまでの学習経験から実感しています。

　一冊の本を100％完璧に仕上げることを目標にするのです。**「この問題集に載っている問題は全問解説をすることができる」**、もしくは**「この本のことだったら、自分は著者以上に詳しい」**というレベルを目標に勉強するのです。

　たとえば、ここに五冊の問題集があったとします。一冊の70％を仕上げただけで次の本に進むとすると、弱点を30％残したまま次の問題集をやることになります。

　その程度の「やり込み具合」で学習を続けていくと、30％の弱点が毎回残ってしまうのですが、いつも間違えてしまうような問題には、ほとんどの場合共通点があるものです。

　その共通点＝自分の弱点であり、それを完璧に克服しないまま新しい問題集に進むことのないようにしてください。

　「30％の弱点」に該当するような問題を間違えてしまうことが多々ある、という状況からなかなか脱することができないまま学習を続けていくのは、本当に辛いことだからです。

　あくまでも上記の数字は感覚的なものです。たくさんの参考書に次々に手を出し続けるという方法でも、ある程度継続していけば、多少は実力の向上につながることもあるでしょう。

　それでも僕は、徹底的に一冊の本を仕上げるスタイルの学習を継続していくことが、確実にスコアアップすることにつながるということを確信しています。実際に出した成

果でしかそれを証明することはできませんが。

「答えを覚えてしまうから何回も同じ教材をやっても時間のムダなのでは？」という質問もよく受けます。

その点についてはハッキリと「全くムダではありません」とお答えするようにしています。

一度解いて間違えた問題は、復習をキッチリとやっておけば2周目以降に間違えることは、ほとんどありません．

むしろ「2周目なのだからできて当たり前」というレベルの復習をしておかなければ意味がないのです。そして、2周目以降、同じ問題集や参考書を使う理由はそこにある訳ではありません。

何回も同じ問題集を繰り返す最大の理由は**「大切なのに読み飛ばしていたものに気づくこと」**と**「自分の解答の型をつくり上げること」**なのです。

『TOEICテスト 新公式問題集』に収録されている語句や表現は、公開テストにも繰り返し登場します。

僕は2周目以降、繰り返し同じ問題にチャレンジする際は、リスニングならば必ず全文のスクリプトを確認し、リーディングも全文をチェックして、理解できない表現が全くない状態になるまで復習するようにしてきました。

自分の知らない単語やフレーズ・意味のとれない文があった場合には、すべて何らかの形で書き出して覚えるようにするのです。

最後にもう一度だけ。

問題集や参考書に取り組む際は**「掲載されているすべての問題を解説できるようにすること」**を目標にして復習をしてください。そういう次元を目指して勉強を続けていけば、確実に実力が向上していきます。

第5章

全力で壁を超えろ

全力特急特製
「クォーター模試」

自分の
「解答の型」
をつくる。

ここまで学んでいただいたことを実践し、定着させるためのクォーター模試です。

各パートの解法を確認するために、今後何回もこの50題を使って練習してみてください。2〜3周もやると、正解をほとんど覚えてしまうかもしれませんが、**それで良いのです。**

この模試をやる目的はただ一つ。

それは**「自分の解答の型をつくること」**です。

自分の型が完成すれば強いです。

スコアが安定し、その後必ず上昇します。

是非、ご自身の力を信じ、努力が結果に変わることを信じて**「全力で！」**取り組んでみてください。

※解答の際は、巻末にあるマークシートをコピーして、お使いください。

※本書の問題の通し番号は、実際のTOEIC公開テストにおける各パートの開始番号に準じています。
⇩
Part 1 …… 1. (〜 10.)
Part 2 …… 11. (〜 40.)
Part 3 …… 41. (〜 70.)
Part 4 …… 71. (〜 100.)
Part 5 …… 101. (〜 140.)
Part 6 …… 141. (〜 152.)
Part 7 …… 153. (〜 200.)

クォーター模試 — Part 1

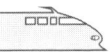

1.

2.

GO ON TO THE NEXT PAGE

3.

36

4.

37

クォーター模試 — Part 2

11. Mark your answer on your answer sheet. (38)

12. Mark your answer on your answer sheet. (39)

13. Mark your answer on your answer sheet. (40)

14. Mark your answer on your answer sheet. (41)

GO ON TO THE NEXT PAGE

クォーター模試 — Part 3

(42)

41. What did the man give the woman on Tuesday?

　(A) A company calendar
　(B) A seating plan
　(C) A phone number list
　(D) An invitation

42. Why does the woman want to meet with the man?

　(A) To provide a performance evaluation
　(B) To review a report
　(C) To plan a project
　(D) To discuss some alterations

43. Why is the man concerned?

　(A) He will be on vacation.
　(B) He has another meeting.
　(C) He cannot attend the dinner.
　(D) He has misplaced a file.

◀️43

44. What are the speakers discussing?

  (A) Some medical equipment
  (B) A set of books
  (C) Some office furniture
  (D) A computer system

45. Why does the woman like the product?

  (A) It is strong.
  (B) It is inexpensive.
  (C) It is multipurpose.
  (D) It is lightweight.

46. What does the woman mention about the company?

  (A) It sells diverse products.
  (B) It provides free installation.
  (C) It offers seasonal discounts.
  (D) It accepts credit cards.

GO ON TO THE NEXT PAGE

クォーター模試 — Part 4

(◀44)

71. Who is being introduced?

   (A) A food critic
   (B) A chef
   (C) A nutritionist
   (D) A doctor

72. What will Samantha Byers discuss?

   (A) Health care plans
   (B) Organic vegetables
   (C) Healthy foods
   (D) Local restaurants

73. What does the speaker say listeners can find on the website?

   (A) Contest entries
   (B) Restaurant coupons
   (C) Contact information
   (D) Recipe samples

🔊 45

74. Who is the intended audience for the talk?

(A) Board members
(B) Company investors
(C) New employees
(D) Potential clients

75. According to the speaker, what might listeners request from the claims department?

(A) Client files
(B) Tax forms
(C) Budget plans
(D) Expense reports

76. How are documents usually requested?

(A) By phone
(B) By e-mail
(C) By fax
(D) By request form

クォーター模試 — Part 5

🔊46 〜 🔊53

101. The lease on the Ferry Building was just renewed ------- the current tenant for another five years.

(A) to
(B) between
(C) over
(D) by

102. McDonnell Construction is proud to have assisted the Florida state government with the ------- of many important historical buildings in the state.

(A) restorative
(B) restored
(C) restorable
(D) restoration

103. Before ------- a business plan, all entrepreneurs should research the target markets for their business concepts.

(A) preparing
(B) expecting
(C) narrating
(D) enrolling

104. Akihiro Yamada, Director of Purchasing, is responsible for ensuring the ------- payment to all suppliers.

(A) sparing
(B) passed
(C) prompt
(D) soon

105. The government has implemented a number of new fiscal policies ------- the current economic crisis.

(A) address
(B) addressing
(C) will addressing
(D) have addressed

106. With the retirement of Dr. Philip Holdings, Ms. Tetsuyo Greene will present the team's research results at the UBJ Biotech Research Symposium -------.

(A) her
(B) herself
(C) she
(D) hers

107. Mr. Billon's two o'clock flight to Houston was delayed because of fog, ------- only for fifteen minutes.

(A) but
(B) after
(C) likewise
(D) therefore

108. Orders submitted by 2:00 P.M. on weekdays ------- processed and shipped by the end of the next business day.

(A) is
(B) being
(C) to be
(D) will be

クォーター模試 — Part 6

Questions 141 through 143 refer to the following advertisement. (54)

Yocchi Wellness Center is delighted to announce that it will be expanding its range of services as well as adding several new clinic -------.

    141. (A) journals
          (B) products
          (C) locations
          (D) regulations

In addition to their headquarters located in the prestigious Conners Private Hospital, Yocchi Wellness Center will open three more clinics in regional satellite cities.

In order to cope with the increasing demand for services, owner and founder Dr. Robert Linde will also offer an after-hours service for those who cannot meet the regularly scheduled clinic hours. All Yocchi Wellness Centers will offer ------- hours until 9 P.M. Monday through Friday.

142. (A) extended
     (B) partial
     (C) probable
     (D) retentive

For more information, ------- the names of

    143. (A) included
          (B) including
          (C) will include
          (D) have included

participating health professionals, please visit www.yocchiwellness.ca.

GO ON TO THE NEXT PAGE

クォーター模試 — Part 7

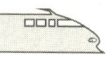

Questions 153 through 156 refer to the following letter.

QUALITY LANDSCAPING AND POOLS
24 Brooke Road
Toronto, Ontario
L2S 4D2
(416) 222-9807

Mitchell Power
34 Riverside Avenue
Toronto, Ontario
L5T 6R2

Dear Mr. Power,

We thank you for your interest in our company, specifically our swimming pool design and installation services.

You recently expressed a desire to purchase an in-ground swimming pool for your estate. It is important when choosing a swimming pool to consider the size and condition of the lot. For example, if you have large portions of the lot devoted to gardens, it may be necessary to reduce the garden size to accommodate the swimming pool and surrounding patio. Our company can assist you in remodeling the landscape in order to create a pleasant environment.

Similarly, many clients have difficulty choosing the material for their pool patio. We commonly recommend a simple slate gray stone as it coordinates well with outdoor furniture. Our design team, however, can assist you in choosing the color and shape of the patio stones in order to ensure they match with the appearance of surrounding buildings.

Lastly, choosing a pool shape and size is a very large task. We recommend that you request one of our design specialists to visit your property in order to develop some mock designs.

I have enclosed a full product list as well as our yearly design magazine. Please take a look at some of the sample designs and do not hesitate to contact me directly with any questions.

I look forward to working with you through every stage of design and development of your swimming pool.

Sincerely,

Marcus Beal
Account Manager

153. What does Mr. Beal mention is important to consider when choosing a swimming pool?

(A) The condition of the land
(B) The cost of installation
(C) The required permits
(D) The safety regulations

154. What does Mr. Beal state is difficult for some customers?

(A) Removing lawn soil
(B) Choosing a location
(C) Hiring construction workers
(D) Deciding on some materials

155. The word "appearance" in paragraph 3, line 5 is closest in meaning to:

(A) alteration
(B) similarity
(C) design
(D) interpretation

156. According to Mr. Beal, what should customers request?

(A) A maintenance schedule
(B) A service evaluation
(C) A cost estimate
(D) An onsite consultation

GO ON TO THE NEXT PAGE

Questions 157 through 161 refer to the following e-mail.

To:	Kelly Simpson <customerservice@sunscape.com>
From:	Gary Teller <teller@rmail.com>
Subject:	Customer Service Survey
Date:	August 25

Dear Ms. Simpson,

Thank you for your e-mail. I am pleased to be able to offer my thoughts and opinions regarding the services your company, Sunscape Gardening, has provided me with this summer. I have attached the completed customer service survey you sent me, but I would like to make some additional comments.

I have been extremely happy with the work that Sunscape Gardening has done for my business, the WestField Golf Course. This was the first year I decided to hire a landscaping company rather than run my own landscaping department. I must say, the work Sunscape Gardening did was far superior to what I had been able to complete and it took away a large portion of the pressure that comes with running a big business.

Many of my regular customers have commented on the quality of the grass, as well as the beauty of the manicured gardens and lawns. I would certainly like to request Sunscape Gardening's services for next season.

The last time we spoke, you mentioned that Sunscape Gardening would be expanding its services to some light stone work. If this is true, I would like to get some more information from you about this. I have a walkway that needs to be repaired next season. Could you please e-mail me any information you have about your new service packages?

Thank you so much for your help. I look forward to hearing from you.

Sincerely,

Gary Teller
WestField Golf Course
(887) 343-0897

157. What is implied about Mr. Teller?

(A) He is employed by a landscaping company.
(B) He is satisfied with the quality of some services.
(C) He is interested in purchasing some property.
(D) He is introducing a new promotion.

158. What was discussed the last time Mr. Teller and Ms. Simpson were in contact?

(A) The expansion of some services
(B) The cancelation of a policy
(C) The use of a venue
(D) The discount of some costs

159. What is suggested about WestField Golf Course?

(A) It plans to be open all year long.
(B) It provided its own gardening services last year.
(C) It will renovate a building next season.
(D) It serves corporate clients exclusively.

160. The word "provided" in paragraph 1, line 3 is closest in meaning to:

(A) mended
(B) demolished
(C) requested
(D) rendered

161. What does Mr. Teller ask Ms. Simpson to do?
 (A) Visit his office in the near future
 (B) Replace an invoice that was lost
 (C) Send some information regarding available services
 (D) Mail some brochures to another address

Questions 181 through 185 refer to the following e-mail and survey.

E-Mail Message		
Date/Time:	Tuesday December 1/11:26 A.M.	
To:	Donald Martel (dmartel@mailbox.com)	
From:	Reservations (reservations@comfortsuites.com)	
Subject:	Your internet booking	

Mr. Martel,

Thank you once again for choosing Comfort Suites. The following are the details of your confirmed online booking:

Length of stay: December 13 – December 17
Expected arrival time: 3:30 P.M.
Room type: Family deluxe
Number of guests: 4

Payment details:
Room rate: $120/night
Total amount due: $480
Payment option: Credit Card
Card number: **** **** **** 2188

Please contact us as soon as possible if any of these details are not accurate.
Also, if you would like to take advantage of our free airport shuttle, please let us know in advance.

As a valued member of our rewards club, we appreciate your patronage and look forward to providing you with a comfortable and relaxing holiday. Furthermore, if you would like to receive redeemable bonus points on your membership card, be sure to complete the Comfort Suites quality survey upon completion of your stay.

Kindest regards,

Comfort Suites

COMFORT SUITES QUALITY SURVEY

Customer name: Donald Martel
Date of stay: December 13–December 17

• Room	Poor	Below Average	Average	Above Average	Great	Excellent
Décor					X	
Size			X			
Cleanliness						X
Amenities					X	

• Hotel	Poor	Below Average	Average	Above Average	Great	Excellent
Overall, how would you rate the friendliness of our staff?					X	
Overall, how would you rate the atmosphere of our common areas?				X		
Overall, how would you rate the provided hotel services?					X	
Overall, how would you rate the value compared with what you paid?				X		

• Restaurant	Poor	Below Average	Average	Above Average	Great	Excellent
Menu Variety				X		
Portion size		X				
Service Quality					X	
Promptness of staff					X	

• **Comments:**

I always enjoy my trips to New Zealand, and I'm glad that I've found such an affordable and enjoyable place to stay. Their friendly staff greeted us at the airport and treated us very well throughout the trip. I was especially impressed with the effort they put into making my children feel comfortable. The room they gave us was spotless, and we didn't have any difficulties or inconveniences during our stay. I will definitely book with this Comfort Suites location again in the future.

GO ON TO THE NEXT PAGE

181. What is the purpose of the e-mail?

(A) To advertise a new rewards program
(B) To inquire about payment options
(C) To show appreciation for participating in a survey
(D) To confirm accommodation arrangements

182. On what date did Mr. Martel most likely arrive at Comfort Suites?

(A) December 1
(B) December 13
(C) December 15
(D) December 17

183. What is NOT suggested about Mr. Martel?

(A) He travelled with his family members.
(B) He can't receive bonus membership points.
(C) He booked through internet.
(D) He requested arrangement of transportation.

184. What is indicated about Comfort Suites?

(A) It is in New Zealand.
(B) It opened last year.
(C) It primarily serves business travelers.
(D) It advertises on the Internet.

185. What does the survey indicate about Mr. Martel?

(A) He was not satisfied with the hotel's interior.
(B) He was very happy with the cleanliness of his room.
(C) He thinks the room rate is too high.
(D) He didn't eat in the hotel's restaurant.

Questions 186 through 190 refer to the following memo and letter.

To all staff of Globe Publishing:

As many of you are aware, Globe Publishing has just agreed on a contract with Headlines magazine. We are very excited about this opportunity to further expand our international business. Headlines magazine is a very successful publication that has continued to grow in popularity over the past seven years. It is now ordered by over ten thousand people every month.

As a result of this new contract, Globe Publishing is now seeking to hire new employees to fill positions that will soon be opening. Most prominently, we are seeking a senior editor to coordinate with Headlines magazine's journalists and photographers to ensure that the editing and printing process runs smoothly.

This position will be a very demanding job, and will require someone with extensive editing experience and strong references. The chosen candidate will also be expected to relocate to the greater Melbourne area. If any current employees would like to apply for this position, or know someone who would fit our needs, please have a complete application package sent to my office by the end of this month.

June Lee, Editor in Chief
Globe Publishing

Seri Moon
71 Hillview Drive
Sydney, Australia, NSW 6421

Tel: (02) 7166-8904 E-mail: smoon@worldmail.com

May 19
Globe Publishing
89 Coastal Road
Melbourne, Australia
QLD 4003

To whom it may concern,

My name is Seri Moon and I'm writing to express my great interest in the position of senior editor at Globe Publishing. I was notified of this position by Christopher Lewis, a marketing assistant in your company.

I believe that I would be a perfect fit for this position because of my experience and education. I graduated with honors from the University of Sydney, and I have worked as an editor's assistant for the past four years under James Crombey, the editor in chief of Focus Publications. During this time I became very familiar with the use of editing programs and printing procedures.

If chosen for this position, I would be able to move to Melbourne promptly and start as soon as possible. Along with my résumé, please find attached reference letters from my university professor, Brent Harding, as well as from Mr. Crombey.

Thank you for your time, and I look forward to hearing from you.

Sincerely,

Seri Moon

Seri Moon

186. What is mentioned about Headlines magazine?

(A) It has more than 10,000 subscribers.
(B) It has existed for twelve years.
(C) It is published quarterly.
(D) It focuses on the financial sector.

187. What is the purpose of the memo?

(A) To describe the services of a company
(B) To announce the success of a recent publication
(C) To seek employees for a new venture
(D) To notify of an upcoming inspection

188. What is indicated about Globe Publishing?

(A) It has business activities in multiple countries.
(B) It is a new company.
(C) It has never published a magazine before.
(D) It specializes in fiction books.

189. To whom did Seri Moon most likely send her application?

(A) James Crombey
(B) Christopher Lewis
(C) June Lee
(D) Brent Harding

190. What is stated about James Crombey?

(A) He has retired from the publishing business.
(B) He is an editor for another publishing company.
(C) He will be editing articles for Headlines magazine.
(D) He has worked with Ms. Lee before.

Stop! This is the end of the test. If you finish before time is called, you may go back to Parts 5, 6, and 7 and check your work.

Part 1 解答・解説

1.

(A) He's trimming the branches.
(B) He's resting in a public park.
(C) He's putting his hands on his waist.
(D) He's taking off his hat.

訳 (A) 彼は枝を刈り取っている。
(B) 彼は公園で休んでいる。
(C) 彼は腰に手をあてている。
(D) 彼は帽子を脱いでいるところである。

□ **trim** 動 刈り取る　□ **branch** 名 枝、支店
□ **rest** 動 休憩する (≒ □ take a rest)
□ **waist** 名 腰　□ **take off** 脱ぐ、離陸する

正解 (C)

腰に手を当てて立っている男性を描写した (C) が正解になる、比較的素直な問題です。

写真に枝は写っていますが、刈り取っている最中ではありませんし、(B) には park が出てきますが、公園かどうかを写真からは判断することができません。

(D) に出てくる hat も写真には写っていないので不正解です。

写真に写っていないものは選ばないようにし、あくまでも**「写真を見て確認できること」**を正解の根拠とします。

2.

(A) Some kitchen utensils are being washed.
(B) Several pans are hanging above the counter.
(C) A towel is being folded.
(D) A bottle is sitting on top of the metal stand.

訳 (A) いくつかの調理器具が洗われているところである。
(B) いくつかのなべがカウンターの上にぶら下がっている。
(C) タオルがたたまれているところである。
(D) 瓶が金属製のスタンドの上にある。

- □ **kitchen utensil** 調理器具 □ **wash** 動 洗う
- □ **several** 形 いくつかの □ **hang** 動 ぶら下がる
- □ **counter** 名 カウンター □ **fold** 動 たたむ
- □ **bottle** 名 瓶

正解 (B)

物だけが写っている写真の問題は、写真に写っている物を主語にした受け身（受動態）の進行形が不正解となる場合が多々あります。

受け身の進行形は、基本的に行為を行う人物が写真に写っていなければ正解にならないことが多いです。

数少ない例外としては、**be being displayed（展示された状態が続いている＝展示されている）**などがあります。

(A) の選択肢は、写真に「洗い物をしている人」が写っていなければいけませんし、(C) もたたむという行為をしている

251

人物が必要になります。

(D) は bottle や metal という、写真上に個別に写っている物がそれぞれ登場する選択肢ですが、金属製のスタンドの上に瓶が置いてある訳ではないので不正解です。

シンク（カウンター）の上方になべがぶらさがっている様子を描写した (B) が正解になります。

3.

(A) Some people are reading in a field.
(B) Some people are leaning toward a pole.
(C) Some people are cutting grass.
(D) Some people are shaking hands.

訳 (A) 何人かの人々が広場で読書をしている。
(B) 何人かの人々が柱にもたれている。
(C) 何人かの人々が草を刈っている。
(D) 何人かの人々が握手をしている。

□ **lean** 動 もたれる、寄りかかる　□ **pole** 名 柱
□ **grass** 名 草　□ **shake hands** 握手をする

正解 (A)

複数の人物が写っている写真であり、ほぼ中心部で座って読書をしている人たちに焦点を当てた (A) が最も写真の状況を適切に表しています。

(B) の pole や (C) の grass は、確かに写真内に写ってはいますが、それらに対する動作が行われていないので不正解。(D) の shaking hands という動作も行われていないので不正解です。

4.

(◀37)

(A) A woman is plugging in a headset.
(B) A woman is sitting in a chair by the water.
(C) A woman has placed her belongings on a bench.
(D) A woman is getting a pair of sunglasses out of her bag.

訳 (A) 女性はヘッドフォンにプラグを差し込んでいる。
(B) 女性は水辺の椅子に座っている。
(C) 女性は持ち物をベンチの上に置いている。
(D) 女性はサングラスをカバンから出しているところである。

□ **plug in** プラグを差し込む　　□**place** 動 置く（≒ □ set）
□**belongings** 名 持ち物

正解 (C)

(A) は plugging in をしている最中ではなく、(B) は by the water が写真では確認できません。(D) は写真に写っている sunglasses や bag を使った選択肢ですが、動作が写真と合致していません。

現在完了形を使い、belongings (持ち物) を「すでに置いた状態である」ことを表す (C) が正解になります。

253

Part 2 解答・解説

11.

When will my pizza be delivered?

(A) On Miller Avenue.
(B) It's in the mail.
(C) Within 30 minutes.

訳 ピザはいつ配達されますか。
(A) Miller 通りです。
(B) メールの中にあります。
(C) 30 分以内です。

- □ **deliver** 動 配達する ⇒ □ **delivery** 名 配達
- □ **be in the mail** メールの中にある
  - ⇒ □ **Attached be** ～を添付します
  - ⇒ □ **Enclosed be** ～を同封します

正解 (C)

when を使って配達される時間を尋ねているため「30 分以内です」と答えている (C) が、最も自然な対話を成立させます。

(A) は where に対応する応答であり、(B) も同様です。

12.

Who left these chairs in the hallway?

(A) In the filling cabinet.
(B) Yes, in the lobby.
(C) I'm not sure.

訳 これらの椅子を廊下に置いたのは誰ですか。
(A) 書類棚の中です。

254 第5章 全力特急特製「クォーター模試」解答・解説

(B) はい、ロビーです。
(C) わかりません。

- □ **leave** 動 置く、残す
- □ **hallway** 名 ロビー、廊下、玄関

正解 (C)

who を使った疑問文に対し「(誰がやったのか) わからない」と応答している (C) が正解です。

(A) は where に対する応答、(B) は疑問詞を使った疑問文の応答としてふさわしくない (Yes, No では答えられない) ため、こちらも不正解になります。

13.

Would you like to join me for lunch?

(A) The food was delicious.
(B) Yes, that would be great.
(C) It's already been washed.

訳 私と昼食をご一緒しませんか。
(A) その食べ物はおいしかったです。
(B) はい、それはいいですね。
(C) それはすでに洗われています。

- □ **delicious** 形 おいしい
- □ **wash** 動 洗う

正解 (B)

Would you like to〜? は、相手に〜する意思があるかどうかを確認する表現です。これに対し快諾を表現している、(B)

255

が最も自然な応答になります。

(A) は lunch から連想される food を使って解答者を惑わせる選択肢であり、(C) においては全く話が噛み合わない応答となっています。

14.

Which scarf do you prefer?

(A) At the department store.
(B) The grey one.
(C) Did you return it?

訳 どちらのスカーフをお好みですか。
(A) デパートです。
(B) グレーのものです。
(C) それを返しましたか。

□ **prefer** 動 好む
 ⇒ □ **preference** 名 好み ⇒ □ **preferable** 形 好ましい
□ **department store** デパート
□ **return** 動 返す

正解 (B)

どちらのスカーフが好みかを質問し、相手に選択をせまる問題です。(B) の one は scarf を表すことができ「グレーのものです」という意味になるため、これが最も自然な応答となるので正解です。

(A) は where に対する応答であり、(C) では内容が噛み合いません。

Part 3 解答・解説

Questions 41 through 43 refer to the following conversation.

(◀ 42)

Man: Hello Beth. ₄₁Have you had a chance to look at the seating chart for the awards dinner I dropped off on Tuesday?

Woman: Yes, everything looks good, but the VIP table is going to have five additional guests. ₄₂I'd like to discuss rearranging some of the other tables to accommodate these new guests. Can you visit my office at 4 o'clock?

Man: ₄₃Are you available at an earlier time? I have a meeting with the party planner at 5 o'clock and I think we should give ourselves enough time to finalize the seating plan before I meet her.

41. What did the man give the woman on Tuesday?

(A) A company calendar
(B) A seating plan
(C) A phone number list
(D) An invitation

42. Why does the woman want to meet with the man?

(A) To provide a performance evaluation
(B) To review a report
(C) To plan a project
(D) To discuss some alterations

257

43. Why is the man concerned?

(A) He will be on vacation.
(B) He has another meeting.
(C) He cannot attend the dinner.
(D) He has misplaced a file.

問題 41 〜 43 は次の会話に関するものです。

男性：こんにちは Beth。41 火曜日に置いておいた授賞式ディナーの座席表には目を通しましたか？

女性：はい、全体的に良さそうですね。でも VIP のテーブルにはさらに 5 名のゲストがつく予定です。42 他の VIP テーブルをいくつか配置しなおして、その追加のゲストを受け入れられるよう検討したいのです。午後 4 時に私のオフィスに来てもらえますか？

男性：43 もう少し早い時間ではどうですか？ 5 時からパーティーの企画者との打ち合わせがあるので、彼女と会うまでに座席のプランを最終決定するための十分な時間が必要だと思うんです。

41. 男性は火曜日に女性に何を与えましたか。
    (A) 会社のカレンダー
    (B) 座席の予定
    (C) 電話番号のリスト
    (D) 招待状

42. 女性はなぜ男性に会いたいのですか。
    (A) 勤務評定を提供するため
    (B) レポートを見直すため
    (C) プロジェクトを計画するため
    (D) いくつかの変更について話し合うため

43. 男性はなぜ心配しているのですか。
   (A) 休暇に入る予定だから。
   (B) 他のミーティングがあるから。
   (C) ディナーに参加できないから。
   (D) ファイルを置き違えたから。

会話

- □ **chance** 名 機会（≒ □ opportunity） □ **drop off** 置く
- □ **additional** 形 追加の ⇒ □ **add** 動 加える
  - ⇒ □ **additionally** 副 加えて
  - ⇒ □ **in addition to** 〜に加えて
- □ **discuss** 動 話し合う □ **rearrange** 動 配置しなおす
- □ **accommodate** 動 受け入れる
  - ⇒ □ **accommodation** 名 宿泊施設、便宜、もてなすこと
- □ **available** 形 都合が良い、空いている
  - ⇒ □ **availability** 名 都合が良いこと、利用可能であること
- □ **finalize** 動 最終決定する

設問・選択肢

- □ **invitation** 名 招待（状） ⇒ □ **invite** 動 招待する
- □ **provide** 動 提供する、与える ⇒ □ **provision** 名 提供
- □ **performance** 名 業績
- □ **evaluation** 名 評価 ⇒ □ **evaluate** 動 評価する
- □ **review** 動 見直す
- □ **alteration** 名 変更 ⇒ □ **alter** 動 変更する
- □ **concerned** 形 心配している
  - ⇒ **concerning** 前 〜について（≒ □ regarding, in regard to, with regard to）
- □ **attend** 動 出席する ⇒ □ **attendance** 名 出席
  - ⇒ □ **attendee** 名 出席者
- □ **misplace** 動 置き違える

解答・解説

41. 正解 (B)

「男性何あげた?」と設問をリテンションし、設問中にある on Tuesday が音声中に登場するのを待ち構えます。男性の最初のセリフに、Have you had a chance to look at the seating chart for the awards dinner I dropped off on Tuesday? とあります。the seating chart とあるので、正解は (B) の座席表になります。

42. 正解 (D)

「女性なぜ会いたい?」とリテンションし、女性のセリフに注意して音声を聴きます。

I'd like to discuss rearranging some of the other tables to accommodate these new guests. と述べているので、rearranging (配置の変更) についての打ち合わせをしたいということがわかります。some alterations (いくつかの変更点) を discuss するという (D) が正解です。

43. 正解 (B)

「男性何心配?」に対応する正解を選ぶ必要があるため、男性が気にしていることを注意して聴き取ります。

男性は Are you available at an earlier time? I have a meeting with the party planner at 5 o'clock と述べているので、「5時からミーティングがあるので、その前に余裕を持って打ち合わせをやりたい」と考えていることがわかります。よって正解は (B) になります。

Questions 44 through 46 refer to the following conversation.

Man: Excuse me, ma'am. I frequently shop for books and magazines here and ₄₄I've noticed that you have some very nice sofas in the magazine section. I'm planning to buy some furniture for the waiting area of my new dental office. Do you know if they come in another color?

Woman: Well, we purchased them last year and I think they also came in brown and ivory. ₄₅They have been quite durable. As you can see, there is hardly any damage to them despite how much use they've gotten.

Man: Yes, they still look new. Where did you buy them?

Woman: We ordered them online from sofasareus.com. ₄₆They offer free shipping and setup for all of their products.

44. What are the speakers discussing?

 (A) Some medical equipment
 (B) A set of books
 (C) Some office furniture
 (D) A computer system

45. Why does the woman like the product?

 (A) It is strong.
 (B) It is inexpensive.
 (C) It is multipurpose.
 (D) It is lightweight.

261

46. What does the woman mention about the company?

(A) It sells diverse products.
(B) It provides free installation.
(C) It offers seasonal discounts.
(D) It accepts credit cards.

問題 44～46 は次の会話に関するものです。

男性：すみません。私はよくここに本や雑誌を見に来ているのですが、とても素敵なソファーが雑誌コーナーにありますね。私の歯医者の待合室にもいくつか家具を購入しようと思っています。そのソファーに他の色があるかご存知ですか？

女性：ええと、昨年にそのソファーを購入したんですが、他に茶色とアイボリーが売られていたと思います。とても丈夫ですよ。ご覧の通り、どれだけ頻繁に使われてもほとんど傷がつきません。

男性：はい、まだ新しく見えます。どこで買ったんですか？

女性：sofasareus.com というところでオンライン注文しました。そこは全製品の無料の配送と設置を提供していますよ。

44. 話し手は何について話し合っていますか。
    (A) 医療機器
    (B) 本のセット
    (C) 事務用家具
    (D) コンピューターのシステム

45. 女性はなぜその商品を気に入っているのですか。
    (A) 丈夫だから。
    (B) 安価だから。
    (C) 多目的に使えるから。
    (D) 軽いから。

46. 女性はその会社について何と言っていますか。
    (A) いろいろな商品を売っている。
    (B) 無料で取り付けを行なっている。
    (C) 季節ごとに割引をしている。
    (D) クレジットカードを受け付けている。

会話

- **frequently** 副 よく、しばしば
  ⇒ □ **frequent** 形 たびたび起こる
- **notice** 動 気づく 名 掲示、案内　　□ **section** 名 コーナー
- **waiting area** 待合室
- **dental** 形 歯の ⇒ □ **dentist** 名 歯科医
- **come in** ～がある
- **purchase** 動 購入する (≒ □ make a purchase)
- **quite** 副 かなり ⇒ □ **quite a few** かなりの数の
- **durable** 形 丈夫である　　**hardly** 副 ほとんど～ない
- **damage** 名 傷 ⇒ □ **damaged** 形 損傷した
- **despite** 前 ～にもかかわらず (≒ □ in spite of)
- **order** 動 注文する (≒ □ put an order, place an order)
- **offer** 動 提供する
  ⇒ □ **offer A B** AにBを提供する (≒ □ grant A B)
- **free** 形 無料の (≒ □ complimentary)
- **shipping** 名 配送 ⇒ □ **ship** 動 出荷する
- **setup** 名 組み立て
- **product** 名 製品 ⇒ □ **produce** 動 生産する 名 農作物
  ⇒ □ **production** 名 生産 ⇒ □ **productivity** 名 生産性
  ⇒ □ **productive** 形 生産的な

設問・選択肢

- **medical** 形 医療の　　□ **equipment** 名 機器、装置
- **inexpensive** 形 安い　　□ **multipurpose** 形 多目的の
- **lightweight** 形 軽量の　　□ **mention** 動 言う
- **diverse** 形 多様な ⇒ □ **diversify** 動 多様化する

- □ **provide** 動 提供する ⇒ □ **provision** 名 提供、供給
- □ **installation** 名 取り付け
  - ⇒ □ **install** 動 取り付ける、インストールする
  - ⇒ □ **installtion** 名 取り付け、インストール
- □ **seasonal** 形 季節の
  - ⇒ □ **seasoned** 形 熟練した、経験豊かな、風味を加えた
- □ **discount** 名 割引
- □ **accept** 動 受け入れる
  - ⇒ □ **acceptance** 名 受け入れること

解答・解説

44. 正解 (C)

男性がソファーを見て、それと同じものを買おうとするという内容の会話です。女性も問いかけに対し、ソファーの良い点について答えています。正解は (C) になります。

45. 正解 (A)

女性がその品物を気に入っている理由を解答する問題なので、女性のセリフに注意して根拠を聴き取ります。

最初のセリフに They have been quite durable. とあるため、この品物は、耐久性があることがわかります。durable を strong と言い換えている (A) が正解です。

46. 正解 (B)

女性の二つ目のセリフに They offer free shipping and setup for all of their products. とあるため、商品は無料で配送され、設置までしてもらえることがわかります。

正解は (B) になります。

Part 4 解答・解説

Questions 71 through 73 refer to the following introduction to an interview.

Woman: Good afternoon, and thank you for listening to The Daily Diet, your guide to eating healthy every day. ₇₁Today, our special guest chef is local restaurant owner Samantha Byers. ₇₂Ms. Byers will be discussing her new cookbook, entitled Eat Right, and will be providing tips on how to make quick healthy meals for your family. During the show ₇₃you can log onto our website at talkradio.com to see free recipe samples and photos of these delicious dishes. We'll also be taking phone calls to let listeners ask our guest for a few cooking tips.

71. Who is being introduced?

(A) A food critic
(B) A chef
(C) A nutritionist
(D) A doctor

72. What will Samantha Byers discuss?

(A) Health care plans
(B) Organic vegetables
(C) Healthy foods
(D) Local restaurants

73. What does the speaker say listeners can find on the website?

(A) Contest entries
(B) Restaurant coupons

(C) Contact information
(D) Recipe samples

問題 71〜73 は次の紹介とインタビューに関するものです。

女性: こんにちは。日々の健康的な食生活のガイド番組 The Daily Diet をお聞きいただきありがとうございます。71本日のスペシャルゲストシェフは地元レストランのオーナーである Samantha Byers さんです。72Byers さんにはご自身の新作である Eat Right というタイトルの料理本のご説明と、家族のためにすぐにつくれる健康的な料理のつくり方のコツを教えていただきます。番組放送中、73私たちのウェブサイト talkradio.com にアクセスして、無料のレシピサンプルやそれらのおいしい料理の画像をご覧いただけます。また、ゲストへ料理のちょっとしたコツに関する質問ができるよう、リスナーのみなさんからのお電話も受け付けております。

71. 誰が紹介されていますか。
 (A) 料理評論家
 (B) シェフ
 (C) 栄養士
 (D) 医師

72. Samantha Byers さんは何を話しますか。
 (A) 健康管理の計画
 (B) 有機野菜
 (C) 体に良い食べ物
 (D) 地域のレストラン

73. 話し手は聞き手がウェブサイトで何を見つけられると述べていますか。
 (A) コンテストへのエントリー

(B) レストランのクーポン

(C) 問い合わせ先

(D) レシピのサンプル

トーク

- □ **healthy** 形 健康的な ⇒ □ **health** 名 健康
- □ **chef** 名 シェフ
- □ **local** 形 地元の ⇒ □ **locally** 副 地元に
- □ **owner** 名 オーナー ⇒ □ **own** 動 所有する
- □ **discuss** 動 話す、論じる
  ⇒ □ **discuss A with B** AについてBと話す
- □ **entitled** 形 〜というタイトルの
  ⇒ □ **entitle** 動 資格を与える、タイトルをつける
- □ **provide** 提供する
  ⇒ □ **provide A with B** AにBを与える
  ⇒ □ **provision** 名 供給
- □ **meal** 名 食事 ⇒ □ **meal preference** 食事の好み
- □ **free** 形 無料の（≒ □ **complimentary**）
- □ **recipe** 名 レシピ
- □ **delicious** 形 おいしい   □ **dish** 名 料理

設問・選択肢

- □ **critic** 名 評論家
  ⇒ □ **critical** 形 批判的な ⇒ □ **critically** 副 批判的に
- □ **nutritionist** 名 栄養士 ⇒ □ **nutrition** 名 栄養
- □ **care** 名 ケア、注意、配慮   □ **organic** 形 有機栽培の
- □ **vegetable** 名 野菜   □ **contact** 名 連絡 動 連絡をとる

解答・解説

71. 正解 (B)

前半に Today, our special guest chef is local restaurant owner Samantha Byers. とあり、この中の guest chef が決

72. 正解 (C)

Samantha Byers という人名が出てくることに注意してトークを聴き続けます。すると中盤に Ms. Byers will be discussing her new cookbook, entitled Eat Right, and will be providing tips on how to make quick healthy meals for your family. という情報が流れるので、この部分が正解への根拠となります。

how to make quick healthy meals を教えてくれるとのことなので、正解は (C) です。

73. 正解 (D)

website では何を見ることができるのかを聴き取ることに注力します。トークの後半で you can log onto our website at talkradio.com to see free recipe samples and photos of these delicious dishes と述べているので、ウェブサイトでは無料のレシピのサンプルと料理の写真を見ることができるとわかります。

Questions 74 through 76 refer to the following talk. 🔊 45

Woman: 74. To finish off our company tour for new employees, 75. Here is the claims department. This is where you'll find information for looking into client accounts. 76. To get a client's confidential file, you need to fill out the request form and give it to our secretary. Once she has it, she'll arrange for it to be brought to your desk as soon as possible. Alright, now let's get back to your new office so that you can get settled in.

74. Who is the intended audience for the talk?

(A) Board members
(B) Company investors
(C) New employees
(D) Potential clients

75. According to the speaker, what might listeners request from the claims department?

(A) Client files
(B) Tax forms
(C) Budget plans
(D) Expense reports

76. How are documents usually requested?

(A) By phone
(B) By e-mail
(C) By fax
(D) By request form

Part 4 解答・解説

問題 74～76 は次の会話に関するものです。

女性：₇₄新入社員のみなさん向けの社内見学ツアーの締めくくりになります。₇₅こちらは請求部門です。ここではみなさんがお客さまのアカウントを調査するための情報を見ることができます。₇₆顧客の機密情報ファイルを入手するには、所定の申請用紙に記入し、秘書へ渡す必要があります。秘書が機密情報を入手し次第、できる限り早くその情報がみなさんのデスクに届くよう手配いたします。それではみなさん、業務に慣れていただくために、早速各自の新しいオフィスへ戻りましょう。

74. この話の対象となるのは誰ですか。
  (A) 取締役員
  (B) 企業投資家
  (C) 新入社員
  (D) 潜在顧客

75. 話し手によると、聞き手は請求部門に何を要求していますか。
  (A) 顧客ファイル
  (B) 納税申告書
  (C) 予算案
  (D) 経費報告書

76. 文書は通常どのようにして請求されますか。
  (A) 電話によって
  (B) E メールによって
  (C) FAX によって
  (D) 依頼書によって

トーク

- **finish off** 締めくくる
- **claim** 名 請求 動 主張する
- **department** 名 部門
- **look into** 調べる
- **account** 名 アカウント、顧客、勘定
  ⇒ **accouting department** 経理部

270　第5章　全力特急特製「クォーター模試」解答・解説

- ☐ **confidential** 形 機密の ⇒ ☐ **confidentially** 副 ひそかに
- ☐ **fill out** 記入する (≒ ☐ fill in)
- ☐ **request** 名 依頼 動 依頼する
- ☐ **form** 名 フォーム、用紙　　☐ **secretary** 名 秘書
- ☐ **arrange** 動 手配する ⇒ ☐ **arrangement** 名 手配
- ☐ **settle in** 慣れる、落ち着く

設問・選択肢

- ☐ **board** 名 役員会 ⇒ ☐ **the board of directors** 取締役会
- ☐ **investor** 名 投資家
  ⇒ ☐ **invest** 動 投資する ⇒ ☐ **investment** 名 投資
- ☐ **potential** 形 可能性のある、潜在的な
- ☐ **request** 動 依頼する 名 依頼　　☐ **tax** 名 税金
- ☐ **budget** 名 予算 ⇒ ☐ **on budget** 予算内で
- ☐ **expense** 名 費用　　☐ **report** 名 報告
- ☐ **usually** 副 ふつう、たいてい ⇒ ☐ **usual** 形 ふつうの

解答・解説

74. 正解 (C)

冒頭で To finish off our company tour for new employees, と述べられているため、新入社員向けの社内ツアーであることがわかります。

75. 正解 (A)

聞き手が claims department に何を要求しているかに注意して解答します。

Here is the claims department. This is where you'll find information for looking into client accounts. と前半で述べているので、聞き手は client account (顧客のアカウント)に関する情報を手に入れることができ、それを client file（顧客ファイル）と言い換えた (A) が正解になります。

76. 正解 (D)

文書を請求する方法に関しては、トークの後半部で To get a client's confidential file, you need to fill out the request form and give it to our secretary. と述べています。

申請書に記入し、それを秘書に提出する必要があるため、(D) が正解となります。

Part 5 解答・解説

101. The lease / on the Ferry Building / was just renewed / ------- the current tenant / for another five years.

(A) to
(B) between
(C) over
(D) by

正解 (D)

1. 前置詞が選択肢に並んでいます。
   品詞問題以外は文頭から読み進め、前から意味をとっていきます。
2. 文頭から意味をとっていくと「賃貸契約/Ferry Building についての/先ほど更新された/-------/現在の賃借人/更に5年間」のようになります。
3. The lease was renewed by the current tenant. と考えれば文意が通ります。
   受動態 (be動詞+過去分詞:〜される) の後に by+行為者がくる基本的な形です。

(A) の to は、方向性と到達、(B) の between は、クッキリしたものの間を表し、(C) の over は「覆っている」というイメージを持つ前置詞です。over the past three years (過去3年間にわたって) の over は、3年間の上を、まさに覆っている感じが伝わってくる表現です。

- □ **lease** 名 賃貸
- □ **renew** 動 更新する ⇒ □ **renewal** 名 更新
- □ **current** 形 現在の ⇒ □ **currently** 副 現在
- □ **tenant** 名 テナント □ **for another five years** 更に5年間

273

訳 Ferry Building の賃貸契約は、先ほど現在の賃借人によって更に5年更新されました。
(A) 〜へ
(B) between A and B で「A と B の間に」
(C) 〜に渡って、〜の上に
(D) 〜によって

102. McDonnell Construction ／ is proud ／ to have assisted ／ the Florida state government ／ with the ------- ／ of many important historical buildings ／ in the state.

(A) restorative
(B) restored
(C) restorable
(D) restoration

正解 (D)

1. 選択肢には restore の派生語が並んでいるので品詞問題です。品詞問題は空欄の前後を読むだけで解答できる問題が多いのですが、文頭から意味をとって読み進めていくトレーニングを日々行うようにしてください。それを続けることにより、品詞問題・文脈依存型問題にかかわらず、どちらのタイプの問題でもスムーズに解答できるようになってきます。

2. SVOC の前後や、接続詞、関係詞、そして前置詞の前で英文にスラッシュを入れると意味がとりやすくなります。前から意味をとっていくと「McDonnell Construction は／誇っている／協力してきた／Florida 州政府／with the -------／多くの重要な歴史的建造物／州内の」のよう

になります。空欄を含むカタマリは「前置詞の with + the + 空欄」なので、空欄には名詞が入ります。

③ 選択肢 (D) の restoration は「修復」という意味の名詞であり、-tion は名詞の語尾の代表的なものの一つです。

- □ **be proud to do** 〜することを誇りに思う
  ⇒ □ **be honored to do** 喜んで〜する
- □ **assist A with B** AのBに協力する
- □ **state government** 州政府　□ **historical** 形 歴史的な

> 訳 McDonnell Construction は、州内にある多くの重要な歴史的建造物を修復することで、Florida 州政府に協力してきたことを誇っています。
> (A) 形容詞で「健康を回復する、復興の」
> (B) 過去形、過去分詞形
> (C) 形容詞で「修復できる」
> (D) 名詞で「修復」

103. Before ------- a business plan, ／all entrepreneurs ／should research ／the target markets ／for their business concepts.

(A) preparing
(B) expecting
(C) narrating
(D) enrolling

正解 (A)

① 選択肢はすべて ing 形であるため、文脈から判断して当てはまる語彙を選択する問題です。

② 文頭から意味をとっていくと、以下のようになります。
「ビジネスプランを ------- する前に／すべての企業家は／調査すべきである／ターゲット市場を／ビジネスコンセプトのために」

③ 文脈から、(A) の preparing を入れると「ビジネスプランを用意する前にターゲット市場を調査すべきである」となり、文意が通ります。

□ **entrepreneur** 名 企業家
□ **research** 動 調査する ⇒ □ **researcher** 名 調査員
□ **target markets** ターゲット市場
□ **business concept** ビジネスコンセプト

訳 ビジネスプランを準備する前に、すべての企業家はビジネスコンセプトを得るためにターゲット市場を調査する必要があります。
(A) prepare「準備する」
(B) expect「期待する」
(C) narrate「述べる」
(D) enroll「登録する」

104. Akihiro Yamada, ／Director of Purchasing, ／is responsible ／for ensuring the ------- payment ／to all suppliers.

(A) sparing
(B) passed
(C) prompt
(D) soon

正解 (C)

1. 選択肢には、分詞 (現在分詞、過去分詞)、形容詞、副詞が並んでいるので、文頭から意味をとっていきます。
2. 問題文にスラッシュを入れ、前から意味をとっていくと以下のようになります。
「Akihiro Yamada／購買部長／責任がある／------- 支払いを保証する／すべての販売業者に」
3. payment という空欄後の名詞を修飾し、空欄に入れて文意が通るのは (C) の prompt (迅速な) です。

- □ **Director of Purchasing** 購買部長
- □ **be responsible for** 〜に責任がある
- □ **ensure** 動 保証する
  - ⇒ □ **ensure that** (that以下を) 保証する
  - ⇒ □ **assure 人 that** (人にthat以下のことを) 保証する
  - ⇒ □ **assure 人 of** (人にof以下のことを) 保証する
- □ **supplier** 名 販売業者
  - ⇒ □ **supply A with B** AにBを供給する

訳 購買部長である Akihiro Yamada は、すべての販売業者に迅速な支払いを保証する責任があります。
(A) 質素な
(B) 通過した
(C) 迅速な
(D) まもなく

105. The government / has implemented / a number of new fiscal policies / ------- the current economic crisis.

(A) address
(B) addressing
(C) will addressing
(D) have addressed

正解 (B)

1. 選択肢には動詞 address の様々な時制における形と、その ing 形があります。
2. 問題文をカタマリに分けると以下のようになります。
「政府は／実施してきた／いくつかの／新しい財政上の政策／-------／現在の経済危機」
3. 接続詞や関係詞などがないため、すでに has implemented という動詞句 (動詞の意味を持つカタマリ) がある以上、空欄にはこれ以上動詞を用いることはできません。

(B) の addressing を空欄に入れれば、new financial policies addressing current economy crisis となり、addressing 以下が直前の policies の説明になります (政策 ⇒ どんな政策？ ⇒ 現在の経済危機に対処する政策)。

これは、以下の例文と同じパターンであり、名詞の後に ing 形から始まるカタマリを並べ、名詞の説明をしているのです。

例　I know the girl walking a dog in the park. (私はその女の子のことを知っています ⇒ どの女の子？ ⇒ 公園で犬を散歩させている女の子)。

□ **government** 名 政府　□ **implement** 動 実施する
□ **a number of** いくつかの (≒ □ several)
　⇒ □ **the number of** 〜の数

□ **fiscal policy** 財政政策
□ **current** 形 現在の ⇒ □ **currently** 副 現在
□ **economic crisis** 経済危機

訳 政府は、現在の経済危機に対処するいくつかの新しい財政上の政策を実施してきました。

(A) 動詞で「対処する」
(B) 動詞の ing 形
(C) 助動詞 will を使った未来を表す表現
(D) 現在完了形

106. With the retirement ／ of Dr. Philip Holdings, ／ Ms. Tetsuyo Greene ／ will present ／ the team's research results ／ at the UBJ Biotech Research Symposium -------.

(A) her
(B) herself
(C) she
(D) hers

正解 (B)

1. 選択肢には代名詞の変化形が並んでいます、こういうパターンの問題も、基本的には文頭から意味をとっていくようにします。

2. 文頭の with は「with 以下の状況になる」と考えれば良いでしょう。その状況が「伴っている」訳です。つまり「Philip Holdings 博士が退職した状況になる」ということです。カンマ以下の文は、空欄がなくても成立しています。(B) の herself は「再帰代名詞」と呼ばれ、一度登場し

た女性を再度登場させ (= Ms. Tetsuyo Greene) 意味を強める役割を果たしています。

「退職という状況になる／Dr. Philip Holdings が／Tetsuyo Greene さんは／発表をするでしょう／チームの調査結果を／the UBJ Biotech Research Symposium で／彼女自身が」

- □ **with** 前 〜という状況になる
- □ **retirement** 名 退職 ⇒ □ **retire** 動 退職する
- □ **present** 動 発表する 形 現在の
- □ **research result** 調査結果 (≒ □ research findings)

訳 Philip Holdings 博士の退職により、Tetsuyo Greene さん自身が UBJ Biotech リサーチシンポジウムで、チームの調査結果を発表することになります。
(A) 所有格で「彼女の」、目的格で「彼女を [に]」
(B) 再帰代名詞で「彼女自身」
(C) 主格で「彼女は」
(D) 所有代名詞で「彼女のもの」

107. Mr. Billon's two o'clock flight ／to Houston ／was delayed／because of fog, ／------- only for fifteen minutes.

(A) but
(B) after
(C) likewise
(D) therefore

正解 (A)

① 接続詞と副詞が選択肢に並んでいるため、文頭から意味をとって読み進めていきます。

② 文脈から適切な選択肢を選びましょう。

「Mr. Billonさんの2時のフライト／Houstonへの／遅れた／霧のせいで／------- 15分間だけ」というように意味をとることができます。

フライトは遅れた「が」15分間だけだった、という内容だと文脈から判断し、(A) の but を選択します。

- **flight to** 〜へのフライト
- **be delayed** 遅れる ⇒ **delay** 動 遅らせる
- **because of** 〜なので
- **fog** 名 霧

訳 BillonさんのHouston行きの2時のフライトは霧により遅延しましたが、(遅延は)わずか15分です。
(A) しかし
(B) 〜の後で
(C) 同様に
(D) それゆえ

108. Orders ／ submitted ／ by 2:00 P.M. ／ on weekdays ------- processed and shipped ／ by the end of the next business day.

(A) is
(B) being
(C) to be
(D) will be

281

正解 (D)

1. 選択肢には be 動詞の変化形が並んでいます。動詞の変化形を選ぶ問題は、時制と主語の数、そして態（能動態 or 受動態）に留意して解答します。

2. 英文の先頭に登場する「前置詞のついていない名詞」が、そのセンテンスの主語になります。つまり、この問題文の主語は Orders（注文）になります。

3. Orders は「提出される」ものであるため、submitted は動詞ではなく過去分詞であり、〜weekdays までが一つのカタマリとなって Orders の説明をしています。

4. processed and shipped（処理して、出荷した）というように、この二つを動詞だと思ってはいけません。
主語は Orders なので、これら二語の前に be 動詞があれば、受動態になり「〜される」という意味になります。選択肢の中で、動詞は (A) の is と (D) の will be です。

5. 主語の Orders は語尾に s がある複数形なので、主語が三人称単数で時制が現在形のときに使う (A) の is は適切ではありません。よって (D) の will be が正解になります。

- □ **order** 名 注文 動 注文する (≒ □ put an order, place an order)
- □ **submit** 動 提出する ⇒ □ **submission** 名 提出
- □ **by 2:00 P.M.** 2 時までに（締め切り）
  ⇒ □ **until 2:00 P.M.** 2 時までずっと（継続）
- □ **on weekdays** 平日に ⇒ □ **on weekends** 土日に
- □ **process** 動 処理する
- □ **ship** 動 出荷する ⇒ □ **shipment** 名 出荷
- □ **by the end of** 〜の終わりまでに
  ⇒ □ **at the end of** 〜の終わりに
- □ **business day** 営業日

訳 平日の午後 2:00 までに提出されたオーダーは翌営業日の終わりまでには処理され、出荷されます。

(A) is
(B) being
(C) to be
(D) will be

Part 6 解答・解説

ここでも問題文と設問・選択肢に番号をつけました。英文を的確に読み進めて解答していく手順を確認してください（詳しくは、96～98ページの説明や実例をご参照ください）。

1⇒……⇒**2**とある場は、**1**⇒～⇒**2**までの英文を読んで理解した後で**2**⇒に進むということを表しています。また、スラッシュは、今回はカタマリを少し大き目にとるようにしました。

SVOC、接続詞、前置詞、そして関係詞などで区切って意味をとっていく練習を進めていくと、少しずつ、より大きなカタマリで英文の意味がとれるようになってきます。

Questions 141 through 143 refer to the following advertisement. ◀54

1⇒Yocchi Wellness Center／is delighted to announce／that it will be expanding its range of services／as well as adding **2**⇒₁₄₁<u>several new clinic -------</u>.

141. (A) journals
(B) products
(C) locations⇒**3**
(D) regulations

<u>In addition to their headquarters located in the prestigious Conners Private Hospital, Yocchi Wellness Center will open three more clinics in regional satellite cities.</u>⇒**2**

3⇒In order to cope with the increasing demand for services,／owner and founder Dr. Robert Linde／will also offer an after-hours service／for ₁₄₂those who

284　第5章　全力特急特製「クォーター模試」解答・解説

cannot meet the regularly scheduled clinic hours. ／All Yocchi Wellness Centers／will offer ❹⇒ ------- hours

142. (A) ❺⇒extended⇒❻
(B) partial
(C) probable
(D) retentive

⇒❺until 9 P.M. Monday through Friday. ⇒❹

❻⇒₁₄₃For more information,／❼⇒ ------- the

143. (A) ❽⇒included
(B) including ⇒ このセットの問題が終了
(C) will include
(D) have included

names of participating health professionals, ⇒❽ ／please visit www.yocchiwellness.ca. ⇒❼

141. 正解 (C)

Part 6は文頭から読み進めていくのが王道です。

空欄の直前に several new clinic (いくつかの新しい診療の) とあり、空欄後には、In addition to their headquarters located in the prestigious Conners Private Hospital, Yocchi Wellness Center will open three more clinics と述べられています。

Yocchi Wellness Center は三つの診療所を開くことがわかるため、正解は (C) の locations (場所) になります。

several new clinic locations は「いくつかの新しい診療所」という意味です。

285

142. 正解 (A)

空欄の前では those who cannot meet the regularly scheduled clinic hours. All Yocchi Wellness Centers will offer (通常の診察時間に間に合わない人のために、すべての Yocchi Wellness Centers は提供する意向です) と述べています。

空欄後には〜hours until 9 P.M. とあるため、午後9時までの「診療時間の延長」を提供するのだと考えれば文意が通ります。正解は (A) です。

143. 正解 (B)

選択肢には、include を使った動詞句 (動詞の意味を持つ二語以上のカタマリ) と、動詞以外の品詞が並んでいます。

空欄前には主語がないため、動詞はここでは使えません。

正解は (B) の including になり、これは「〜を含んで」という前置詞です。

including the names of participating health professionals (関係する医療従事者の氏名を含む) は、直前の information の説明をしています。

- □ **advertisement** 名 広告
  ⇒ □ **advertise** 動 広告する、宣伝する
- □ **be delighted to do** 〜して喜ぶ
- □ **announce** 動 発表する ⇒ □ **announcement** 名 発表
- □ **expand** 動 拡大する ⇒ □ **expansion** 名 拡大
- □ **range of services** サービスの幅
- □ **A as well as B** AだけでなくBも (≒ A and B)
- □ **add** 動 加える ⇒ □ **addition** 名 追加
  ⇒ □ **additional** 形 追加の ⇒ □ **additionally** 副 さらに
- □ **several** 形 いくつかの ⇒ □ **several of** いくつかの〜

- □ **clinic** 名 診療所　□ **in addition to** 〜に加えて
- □ **headquarters** 名 本社　⇒ □ **branch** 名 支店、枝
- □ **located in** 〜に位置する（≒ □ situated in）
- □ **prestigious** 形 有名な　□ **private hospital** 私立病院
- □ **regional** 形 地域の　⇒ □ **region** 名 地域
- □ **satellite cities** 衛星都市
- □ **in order to do** 〜するために
- □ **cope with** 〜に対応する
- □ **increasing** 形 増加している
  ⇒ □ **increase** 動 増加する　名 増加
- □ **demand for** 〜に対する需要
- □ **owner and founder** オーナーであり創設者でもある
- □ **also** 副 〜もまた　□ **offer** 動 提供する
- □ **after-hours service** 時間外のサービス
- □ **those who** 〜な人たち
- □ **regularly scheduled clinic hours** 通常決められている診療時間
- □ **until** 前 〜までずっと
- □ **Monday through Friday** 月曜日から金曜日まで
- □ **for more information** 更なる情報は
- □ **participate** 動 参加する
  ⇒ □ **participant** 名 参加者　⇒ □ **participation** 名 参加
- □ **health professional** 医療従事者

Part 6 解答・解説

訳

問題141〜143は以下の広告に関するものです。

Yocchiウェルネスセンターは、数カ所の新しい診療所の開設およびサービスの拡大を予定しておりますことを喜んでご案内申し上げます。

有名なConners私立病院の中に位置する本拠地に加え、Yocchiウェルネスセンターは、更に三カ所の診療所を地方の衛星都市に開く予定です。

サービスに対する需要の増加に対応するべく、オーナーであり創設者のRobert Linde博士は、通常決められている診療時間に間に合わない人たちのために、仕事終わりの時間帯に業務を提供する意向です。

すべてのYocchiウェルネスセンターは、月曜日から金曜日まで、夜9時まで診療時間が延長となる予定です。

関係する医療従事者の氏名を含む、更なる情報のご確認にはwww.yocchiwellness.ca.をご訪問ください。

141. (A) 日記
 (B) 製品
 (C) 場所
 (D) 規則

142. (A) 延長された
 (B) 部分的な
 (C) 確実な
 (D) 保持できる

143. (A) 過去形
 (B) 動詞のing形
 (C) 未来を表す表現
 (D) 現在完了形

Part 7 解答・解説

問題153〜156は次の手紙に関するものです。

Quality Landscaping and Pools
24 Brooke Road
Toronto, Ontario
L2S 4D2
(416) 222-9807

Mitchell Power
34 Riverside Avenue
Toronto, Ontario
L5T 6R2

Power さま

弊社に対し、特に弊社の遊泳プールの設計と設置に関してご興味をお持ちいただきありがとうございます。

お客さまよりご自身の土地に屋外遊泳プールを購入希望である旨を先日ご説明いただきました。153遊泳プールを検討する際は、敷地の条件やサイズを考慮することが大切です。たとえば、敷地の大部分が庭園で占められている場合、遊泳プールとその周囲にテラスを設けられるように庭園の面積を減らす必要が出てきます。当社は心地良い環境をつくるための、庭の改修のお手伝いをすることができます。

154同様に、多くのお客さまはプールのテラスの材料選定に頭を悩まされます。当社としては、屋外の家具とよく調和するので、主にシンプルな石板調のグレーをおすすめしております。155ですが、当社の設計チームはテラスの石の色や形状を選ぶ際には、それらがきちんと周辺の建物と調和するようお手伝いさせていただきます。

最後に、プールの形やサイズを決めるのは非常に大掛かりな仕事です。156当社としては、モックデザインを制作するために、当社の設計スペシャリストがお客さまの土地の下見をするようご依頼いただくことをお勧めいたします。

289

全商品のリストと年1回刊行のデザイン誌を同封いたしました。サンプルデザインを一度ご覧いただき、ご質問がございましたら何なりと私まで直接お問い合わせください。

当社の遊泳プール設計から制作に渡るすべての段階で、お客さまのお役に立てることを楽しみにしております。

敬具

Marcus Beal
顧客責任者

153. Beal さんは、遊泳プールを選ぶ際、何を考慮することが大切だと述べていますか。
    (A) 地所の状態
    (B) 設置費用
    (C) 必要な許可証
    (D) 安全規則

154. Beal さんは、どんなことが顧客にとって難しいと述べていますか。
    (A) 芝生の土を取り除くこと
    (B) 場所を決めること
    (C) 土木作業員を雇うこと
    (D) 素材を決めること

155. 第3段落・5行目の appearance に最も近い意味の語は
    (A) alteration
    (B) similarity
    (C) design
    (D) interpretation

156. Beal さんによれば、顧客は何を依頼すべきですか。
    (A) メンテナンスのスケジュール
    (B) サービスの評価
    (C) 費用の見積り
    (D) 現地での相談

問題文

- **quality** 形 質の良い ⇒ □ **qualify** 動 資格を与える
  ⇒ □ **qualified** 形 資格のある ⇒ □ **quantity** 名 量
- **landscaping** 名 造園
- **thank you for your interest** ご興味をお持ちいただきありがとうございます
- **specifically** 副 特に ⇒ □ **specific** 形 特定の、明確な
- **installation services** 取り付けサービス
- **recently** 副 最近 ⇒ □ **recent** 形 最近の
- **express** 動 表現する ⇒ □ **expression** 名 表現
- **desire** 名 熱望 ⇒ □ **desirable** 形 望ましい
- **purchase** 動 購入する (≒ □ make a purchase)
- **in-ground swimming pool** 屋外遊泳プール
- **estate** 名 私有地
  ⇒ □ **real estate** 不動産
  ⇒ □ **real estate agency** 不動産業者 (≒ □ realtor)
- **when doing** 〜するときに
- **choose** 動 選ぶ ⇒ □ **choice** 名 選択
- **lot** 名 用地 □ **portion** 名 部分
- **devoted** 形 捧げられた
  ⇒ □ **be devoted to doing** 〜することに専心する (≒ □ be dedicated to doing)
  ⇒ □ **devote oneself to doing** 〜することに専心する (≒ □ dedicate oneself to doing)
- **reduce** 動 減らす ⇒ □ **reduction** 名 減少
- **accommodate** 動 収容する
  ⇒ □ **accommodation** 名 宿泊施設、便宜、もてなすこと

- **surrounding patio** 取り囲んでいるテラス
- **assist** 動 手伝う ⇒ □ **assistance** 名 援助
  ⇒ □ **assistant** 名 アシスタント、助手
- **remodeling** 名 改装
  ⇒ □ **remodel** 動 改築する、リフォームする
  ⇒ □ **reform** 名 改良 動 改善する
- **landscape** 名 造園
  ⇒ □ **landscaping contractor** 造園会社
    (≒ □ landscaping firm, gardening company)
- **in order to** 〜するために
- **create** 動 創造する ⇒ □ **creation** 名 創造
- **pleasant** 形 楽しい、愉快な
  ⇒ □ **pleasure** 名 楽しみ、喜び
- **environment** 名 環境
  ⇒ □ **environmental** 形 環境の
  ⇒ □ **environmentally** 副 環境に
- **similarly** 副 同様に ⇒ □ **similar** 形 同様の
- **client** 名 依頼主 ⇒ □ **clientele** 名 常連、依頼人
- **have difficulty doing** 〜することが難しい
- **material** 名 材料
- **commonly** 副 共通して ⇒ □ **common** 形 共通の
- **recommend** 動 推薦する
  ⇒ □ **recommendation** 名 推薦
- **slate** 名 (屋根などに用いられる) スレート
- **coordinate** 動 調整する ⇒ □ **coodination** 名 調整
- **ensure** 動 保証する
  ⇒ □ **ensure that** (that以下のことを) 保証する
  ⇒ □ **assure 人 that** (人にthat以下のことを) 保証する
  ⇒ □ **assure 人 of** (人にof以下のことを) 保証する
- **match with** 〜に合う、似合う □ **appearance** 名 外見
- **lastly** 副 最後に ⇒ □ **last** 動 続く
- **task** 名 仕事
- **specialist** 名 専門家 ⇒ □ **specialty** 名 専門
- **property** 名 物件

- □ **develop** 動 開発する
  - ⇒ □ **developer** 名 住宅開発業者
- □ **mock design** モックデザイン、見本デザイン
- □ **enclose** 動 同封する
  - ⇒ □ **Attached be** 〜を添付します
  - ⇒ □ **Encosed be** 〜を同封します
- □ **full product list** 全商品のリスト
- □ **A as well as B** AだけでなくBも
- □ **yearly** 形 毎年の（≒ □ annual）
- □ **hesitate to do** 〜することをためらう
  （≒ □ be hesitant to do）
- □ **contact** 動 連絡する 名 連絡
- □ **directly** 副 直接
- □ **look forward to doing** 〜することを楽しみにしている
- □ **through** 前 〜を通して

設問・選択肢

- □ **consider** 動 考慮する
  - ⇒ □ **consideration** 名 考慮
  - ⇒ □ **take into consideration** 〜を考慮に入れる
- □ **condition** 名 状態、条件
- □ **installation** 名 取り付け ⇒ □ **install** 動 取り付ける
- □ **require** 動 要求する ⇒ □ **requirement** 名 必要条件、要件
- □ **permit** 名 許可証 ⇒ □ **permission** 名 許可
- □ **safety regulations** 安全規則
- □ **remove** 動 取り除く ⇒ □ **removal** 名 除去
- □ **lawn soil** 芝生の土　□ **hire** 動 雇う
- □ **construction worker** 土木作業員
- □ **decide on** 決定する
  - ⇒ □ **decide to do** 〜することを決定する
- □ **appearance** 名 外見
- □ **paragraph X** 第X段落　□ **line X** X行目
- □ **be closest in meaning to** 最も意味が近い

293

- □ **alteration** 名 変更 ⇒ □ **alter** 動 変更する
- □ **similarity** 名 類似性
  ⇒ □ **similar** 形 類似の ⇒ □ **similarly** 副 同様に
- □ **design** 名 デザイン 動 デザインする
- □ **interpretation** 名 解釈 ⇒ □ **interpreter** 名 通訳
- □ **cost estimate** 費用の見積もり
- □ **onsite consultation** 現地での相談

Questions 153 through 156 refer to the following letter.

❷⇒ **QUALITY LANDSCAPING AND POOLS**
24 Brooke Road
Toronto, Ontario
L2S 4D2
(416) 222-9807

Mitchell Power
34 Riverside Avenue
Toronto, Ontario
L5T 6R2

Dear Mr. Power,

We thank you for your interest in our company, specifically our swimming pool design and installation services.

You recently expressed a desire to purchase an in-ground swimming pool for your estate. ₁₅₃It is important when choosing a swimming pool to consider the size and condition of the lot. ⇒ ❸ ❺ ⇒ For example, if you have large portions of the lot devoted to gardens, it may be necessary to reduce the garden size to accommodate the swimming pool and surrounding patio. Our company can assist you in remodeling the landscape in order to create a pleasant environment.

₁₅₄Similarly, many clients have difficulty choosing the material for their pool patio. ⇒ ❻ ❽ ⇒ We commonly recommend a simple slate gray stone as it coordinates well with outdoor furniture. ₁₅₅Our design team, however, can assist you in choosing the color and shape of the patio stones in order to ensure they match with the appearance of surrounding buildings. ⇒ 9

11 ⇒ Lastly, choosing a pool shape and size is a very large task. 156We recommend that you request one of our design specialists to visit your property in order to develop some mock designs. ⇒ 12

I have enclosed a full product list as well as our yearly design magazine. Please take a look at some of the sample designs and do not hesitate to contact me directly with any questions.

I look forward to working with you through every stage of design and development of your swimming pool.

Sincerely,

Marcus Beal
Account Manager

---

(56) **153.** 1 ⇒ What does Mr. Beal mention is important to consider when choosing a swimming pool? ⇒ 2

(A) ⇒ 3 The condition of the land ⇒ 4
(B) The cost of installation
(C) The required permits
(D) The safety regulations

154. 4 ⇒ What does Mr. Beal state is difficult for some customers? ⇒ 5

(A) ⇒ 6 Removing lawn soil
(B) Choosing a location
(C) Hiring construction workers
(D) Deciding on some materials ⇒ 7

295

Part 7 解答・解説

155. 7⇒The word "appearance" in paragraph 3, line 5 is closest in meaning to: ⇒8

(A) 9⇒alteration
(B) similarity
(C) design ⇒10
(D) interpretation

156. 10⇒According to Mr. Beal, what should customers request? ⇒11

(A) 12⇒A maintenance schedule
(B) A service evaluation
(C) A cost estimate
(D) An onsite consultation ⇒このセットの問題が終了

読解の流れと解説

1 まず153. の設問を読みます。

「Beal さんは、遊泳プールを選ぶ際、何を考慮することが大切だと述べていますか」とあるので「プール考慮何大切?」とリテンションして**2**に進みます。

2 第2段落の2文目に It is important when choosing a swimming pool to consider the size and condition of the lot. とあるため「遊泳プールを検討する際は、敷地の条件やサイズを考慮することが大切です」と述べていることがわかります。

これを正解への根拠と判断し、153. の選択肢に進みます。

296　第5章　全力特急特製「クォーター模試」解答・解説

3 選択肢 (A) に The condition of the land (地所の状態) とあるため、これが問題文中の根拠と一致します

(A) を正解としてマークし、154. の設問に進みます。

4「Beal さんは、どんなことが顧客にとって難しいと述べていますか」を要約し、「客何難しい？」とリテンションして**5**に進みます。

5 第3段落の最初に Similarly, many clients have difficulty choosing the material for their pool patio. (同様に、多くのお客さまはプールのテラスの材料選定に頭を悩まされます) と述べられています。

これを正解の根拠ではないかと推測し、154. の選択肢に進みます。

6 (D) の選択肢にある Deciding on some materials (素材を決めること) が**5**で見つけた根拠の言い換えと判断し、正解としてマーク、155. の言い換え問題に進みます。

7 言い換え問題を解く秘訣は、**選択肢を読む前の段階で「該当する表現が、本文中ではどのような意味で使われているか」**を理解することにあります。

appearance の入っている文を見てみましょう。

8 Our design team, however, can assist you in choosing the color and shape of the patio stones in order to ensure they match with the appearance of surrounding buildings. とあり、文中の they は the color and shape of the patio stones を指します。in order to (〜するために) 以

297

下の意味は「それらがきちんと周辺の建物の"外観"と調和するように」となるため、ここでの appearance の持つ意味は「外観」であると判断します。

❾ 155. の選択肢の中で建物の「外観」の言い換えと言える選択肢は、(C) のデザインです。これを正解としてマークし**❿**へ。

❿ 156. の設問は what should customers request?（顧客は何を依頼すべきですか）と質問しています。「客何依頼すべき？」と頭にしっかりと叩き込み、問題文の続きを読み進めていきます。

⓫ 第4段落の2文目に We recommend that you request one of our design specialists to visit your property in order to develop some mock designs. とあります。
　顧客に対して recommend（勧める）していることが that 以下で述べられています。「当社の設計スペシャリストがお客さまの土地の下見をするようご依頼いただくことをお勧めいたします」とのことなので、このことを言い換えている選択肢があるのではと推測し、156. の選択肢に進みます。

⓬ (D) の An onsite consultation（現地での相談）が問題文の根拠の部分を言い換えていることがわかるため、これが正解となります。

正解

153. (A)　154. (D)　155. (C)　156. (D)

問題157〜161は次のEメールに関するものです。

宛先：Kelly Simpson <customerservice@sunscape.com>
差出人：Gary Teller <teller@rmail.com>
件名：顧客サービス調査
日付：August 25

Simpson さま

メールありがとうございます。 160御社、Sunscape Gardening さまにこの夏にご提供いただいたサービスについて私の考えや意見をお伝えすることができて嬉しく思います。ご送付いただいた顧客サービス調査表の記入済みのものを添付しましたが、いくつか追加のコメントをさせていただきたいと思います。

157Sunscape Gardening さまより、当社 WestField ゴルフコースに対してご提供いただいたサービスに非常に満足しております。 159当社としては、社内の造園部門ではなく外部の造園業者さまに業務委託することを決定したのは今年がはじめてです。実際のところ、Sunscape Gardening さまの仕事ぶりが、当社がもともと行ってきたものよりも遥かに優れており、それによって大仕事を執り行う際に伴うプレッシャーの大部分がなくなりました。

当社をよくご利用いただいているお客さまの多くに、手入れの行き届いた庭園や芝生、草の質などについてコメントをいただきました。次のシーズンも、是非とも Sunscape Gardening さまのサービスを利用させていただこうと考えております。

158最後にお話しした際に、Sunscape Gardening は軽石の加工業務へも事業を拡大すると仰っていました。もし本当なら、それについてのより多くの情報をいただきたいのですが。次のシーズンで直す必要がある歩道があるのです。 161新しいサービスのパッケージに関してお持ちの情報をメールしていただけますか。

ご協力いただきありがとうございました。ご連絡をお待ちしております。

敬具

Gary Teller
WestField ゴルフコース
(887) 343-0897

157. Teller さんについてどんなことがわかりますか。
   (A) 造園会社に勤めている。
   (B) サービスの質に満足している。
   (C) 地所を購入することに興味がある。
   (D) 新たな販売促進を取り入れている。

158. Teller さんと Simpson さんが前回会ったとき、どんなことが話し合われましたか。
   (A) サービスの拡大
   (B) 方針の取り消し
   (C) 会場の使用
   (D) 経費の減額

159. WestField Golf Course についてどんなことがわかりますか。
   (A) 1 年を通して開業する予定である。
   (B) 昨年は自社の造園サービスを提供していた。
   (C) 来季に建物を改築する。
   (D) 法人顧客のみを扱っている。

160. 第 1 段落・3 行目の provided に最も近い意味の語は
   (A) mended
   (B) demolished
   (C) requested
   (D) rendered

161. Teller さんは Simpson さんに何をするように頼んでいますか。
    (A) 近いうちにオフィスを訪ねる
    (B) 紛失した請求書を取り替える
    (C) 利用可能なサービスに関する情報を送る
    (D) 他の住所にパンフレットを配送する

問題文

- **customer service survey** 顧客サービス調査
- **be pleased to do** ～して嬉しい
- **be able to do** ～することができる
  (≒ □ be capable of doing)
- **offer** 動 提供する
  ⇒ □ **offer A B** AにBを提供する
  ⇒ □ **grant A B** AにBを与える
- **thought** 名 考え   □ **opinion** 名 意見
- **regarding** 前 ～に関して
  (≒ □ in regard to, with regard to, concerning)
- **provide A with B** AにBを与える (≒ □ provide B for A)
- **attach** 動 添付する
  ⇒ □ **Attached be** ～を添付します
  ⇒ □ **Enclosed be** ～を同封します
- **complete** 動 完成させる 形 完成した、完全な
- **would like to do** ～したい
- **addition** 名 追加 ⇒ □ **add** 動 加える
  ⇒ □ **additional** 形 追加の ⇒ □ **additionally** 副 加えて
  ⇒ □ **in addition to** ～に加えて
- **extremely** 副 極端に ⇒ □ **extreme** 形 極端な
- **decide to do** ～することを決める
- **hire** 動 雇う (≒ □ employ)
- **landscaping company** 造園業者
- **rather than** ～よりもむしろ   □ **run** 動 経営する

- □ **far superior to** 遥かに優れている
- □ **take away** 取り去る　□ **a large portion of** ~の大部分
- □ **pressure** 名 プレッシャー
  ⇒ □ **under pressure** プレッシャーの下で
- □ **comes with** ~と一緒に来る
- □ **regular** 形 常連の ⇒ □ **regularly** 副 定期的に
- □ **comment on** ~についてコメントする
- □ **quality** 名 質 ⇒ □ **quantity** 名 量
- □ **A as well as B** AだけでなくBも　□ **beauty** 名 美しさ
- □ **manicured gardens and lawns** 手入れの行き届いた庭園や芝生
- □ **certainly** 副 確かに
  ⇒ □ **certain** 形 特定の、ある程度の、必ず~する
- □ **mention** 動 言う、言及する
  ⇒ □ **Don't mention it.** どういたしまして。
- □ **expand** 動 拡大する ⇒ □ **expansion** 名 拡大
- □ **light stone work** 軽石の加工業務
- □ **walkway** 名 歩道
- □ **need to be repaired** 修理する必要がある
- □ **Could you please ~?** ~していただけませんか。
- □ **e-mail** 動 Eメールを送る 名 Eメール

設問・選択肢

- □ **What is implied about ~?** ~について何がほのめかされていますか。
- □ **employ** 動 雇う (≒ □ hire) ⇒ □ **empoyee** 名 従業員
  ⇒ □ **employer** 名 雇用主 ⇒ □ **employment** 名 雇用
- □ **landscaping company** 造園業者
- □ **be satisfied with** ~に満足する
- □ **quality** 名 質 ⇒ □ **quantity** 名 量
- □ **be interested in** ~に興味がある
- □ **purchase** 動 購入する　□ **property** 名 地所

- □ **promotion** 名 促進
  ⇒ □ **promote** 動 昇進させる、宣伝する、促進する
- □ **discuss** 動 話す　　□ **be in contact** 連絡をとる
- □ **expansion** 名 拡大　⇒ □ **expand** 動 拡大する
- □ **cancelation** 名 取り消し
  ⇒ □ **cancel** 動 取り消す　名 取り消し
- □ **policy** 名 方針　　□ **venue** 名 場所
- □ **discount** 名 減額
- □ **What is suggested ~ ?**　~が示唆されていますか。
- □ **plan to do**　~する計画である　□ **all year long**　1年中
- □ **one's own**　自分自身の
  ⇒ □ **on one's own**　一人で (≒ □ by oneself)
- □ **renovate** 動 改装する　⇒ □ **renovation** 名 改装
- □ **corporate client**　法人顧客
- □ **exclusively** 副 独占的に
  ⇒ □ **exclusion** 名 除外　⇒ □ **exclusive** 形 独占的な
- □ **closest in meaning to**　~に最も近い意味
- □ **mend** 動 修正する
- □ **demolish** 動 破壊する　⇒ □ **demolition** 名 破壊
- □ **request** 動 要求する　名 要求　　□ **render** 動 与える
- □ **replace** 動 交換する　⇒ □ **replacement** 名 交換
- □ **invoice** 名 請求書 (納品書と請求書を兼ねたもの)
  ⇒ □ **bill** 名 請求書
- □ **regarding** 前 ~に関して
  (≒ □ in regard to, with regard to, concerning)
- □ **available** 形 利用できる
  ⇒ □ **availability** 名 利用できること
- □ **brochure** 名 小冊子
- □ **address** 名 住所　動 対処する、取り組む

Questions 157 through 161 refer to the following e-mail.

To:	❷⇒ Kelly Simpson <customerservice@sunscape.com>
From:	Gary Teller <teller@rmail.com>
Subject:	Customer Service Survey
Date:	August 25

Dear Ms. Simpson,

Thank you for your e-mail. ⓫⇒₁₆₀ I am pleased to be able to offer my thoughts and opinions regarding the services your company, Sunscape Gardening, has provided me with this summer. ⇒⓬ I have attached the completed customer service survey you sent me, but I would like to make some additional comments.

₁₅₇ I have been extremely happy with the work that Sunscape Gardening has done for my business, the WestField Golf Course.⇒❸ ❺❾⇒₁₅₉ This was the first year I decided to hire a landscaping company rather than run my own landscaping department.⇒❿ I must say, the work Sunscape Gardening did was far superior to what I had been able to complete and it took away a large portion of the pressure that comes with running a big business.

Many of my regular customers have commented on the quality of the grass, as well as the beauty of the manicured gardens and lawns. I would certainly like to request Sunscape Gardening's services for next season.

₁₅₈The last time we spoke, you mentioned that Sunscape Gardening would be expanding its services to some light stone work.⇒ 6 14 ⇒ If this is true, I would like to get some more information from you about this. I have a walkway that needs to be repaired next season. ₁₆₁Could you please e-mail me any information you have about your new service packages?⇒ 15

Thank you so much for your help. I look forward to hearing from you.

Sincerely,

Gary Teller
WestField Golf Course
(887) 343-0897

Part 7 解答・解説

(◀58) **157.** ❶⇒ What is implied about Mr. Teller? ⇒❷

(A) ❸⇒ He is employed by a landscaping company.
(B) He is satisfied with the quality of some services. ⇒❹
(C) He is interested in purchasing some property.
(D) He is introducing a new promotion.

158. ❹⇒What was discussed the last time Mr. Teller and Ms. Simpson were in contact? ⇒❺

(A) ❻⇒The expansion of some services ⇒❼
(B) The cancelation of a policy
(C) The use of a venue
(D) The discount of some costs

159. ❼⇒What is suggested about WestField Golf Course? ⇒❽

(A) ❽⇒It plans to be open all year long.
(B) It provided its own gardening services last year. ⇒❾
(C) It will renovate a building next season.
(D) It serves corporate clients exclusively.

160. ❿⇒The word "provided" in paragraph 1, line 2 is closest in meaning to: ⇒⓫

(A) ⓬⇒mended
(B) demolished
(C) requested
(D) rendered ⇒⓭

306 第5章 全力特急特製「クォーター模試」解答・解説

161. 🔞⇒What does Mr. Teller ask Ms. Simpson to do? 🔞

(A) 🔞⇒Visit his office in the near future
(B) Replace an invoice that was lost
(C) Send some information regarding available services ⇒このセットの問題が終了
(D) Mail some brochures to another address

読解の流れと解説

1 157. の設問を読みます。「Teller さんについてどんなことがわかりますか」という質問なので「Teller の何わかる？」とリテンションして問題文を読み進めていきます。

2 第2段落の最初の文で I have been extremely happy with the work that Sunscape Gardening has done for my business, the WestField Golf Course. と述べているため、Teller さんは Sunscape gardening の仕事に満足していることがわかります。
　157. の選択肢に進みます。

3 (B) の He is satisfied with the quality of some services. が、問題文の根拠の部分と一致します。
　(B) をマークして158. の設問に進みます。

4 Teller さんと Simpson さんが前回会ったときに話した話題を求めて本文を読み進めていきます。

5 第3段落の最初で The last time we spoke, you mentioned that Sunscape Gardening would be expanding its

307

services to some light stone work. と述べています。
　Martel さんは「Sunscape Gardening は業務の拡大をする」という話をしたことがわかります。
　158. の選択肢に進みます。

6 選択肢 (A) に The expansion of some services（サービスの拡大）とあるため、これを正解としてマークします。
　159. の設問に進みます。

7 「WestField Golf Course についてわかること」を探すという意識を持ち、問題文に戻って読み進めていくべきなのですが、WestField Golf Course についてはすでに問題文中で述べられていたことを思い出せたでしょうか。159. の選択肢をチェックします。

8 選択肢 (B) の It provided its own gardening services last year.（昨年は独自の造園サービスを提供していた）と、ほぼ同じ内容が問題文にあったことを思い出せれば OK です。
　問題文の**9**に戻ります。

9 第2段落の2文目に This was the first year I decided to hire a landscaping company rather than run my own landscaping department.（当社としては、社内の造園部門ではなく外部の造園業者さまに業務委託することを決定したのは今年がはじめてです）とあるため、これが 159. の選択肢 (B) と同じ内容であることを確認し、正解としてマーク、160. の設問に進みます。

10 言い換え問題を解答する際は、選択肢を先に読まずに「本文中で該当する表現はどのような意味で使われているか」を

確認します。providedの入っている文を見てみましょう。

11 I am pleased to be able to offer my thoughts and opinions regarding the services your company, Sunscape Gardening, has provided me with this summer. (Sunscape Gardeningさまより当社WestFieldゴルフコースに対してご提供いただいたサービスに、非常に満足しております) とあるため、文脈からprovidedは「提供する」という意味であるとわかります。

12 選択肢のうち、「提供する」という意味を持っているのは(D)のrenderedです。これを正解としてマークし、161.の設問に進みます。

13 「TellerさんがSimpsonさんに何を頼んだか」に関する情報を求め、問題文の**14**に進みます。

14 第4段落の最後の文にCould you please e-mail me any information you have about your new service packages? (新しいサービスのパッケージに関してお持ちの情報をメールしていただけますか) とあります。これを言い換えたものが正解になると推測し、161.の選択肢に進みます。

15 選択肢(C)のSend some information regarding available services (利用可能なサービスに関する情報を送る) が**14**の内容を言い換えたものであると判断し、正解としてマーク、このセットの問題は終了となります。

正解

157. (B)　158. (A)　159. (B)　160. (D)　161. (C)

Part 7 解答・解説

問題181～185は次のEメールと調査に関するものです。

日時／時間：12月1日　火曜日　午前11:26
宛先：Donald Martel (dmartel@mailbox.com)
差出人：ご予約窓口 (reservations@comfortsuites.com)
件名：ご予約のご希望について

Martel さま

181 Comfort Suites をお選びいただき、あらためて感謝申し上げます。以下は 183(C) オンライン予約で手配いただいた内容の詳細です：

182 滞在期間：12月13日～12月17日
予定到着時刻：午後3:30
183(A) お部屋の種類：ファミリーデラックス
宿泊者数：4名

お支払明細：
お部屋代：一泊120ドル
総額：480ドル
お支払方法：クレジットカード
カード番号：**** **** **** 2188
これらの詳細が正確でなければすぐにお問い合わせください。
183(D) また、空港からの送迎をご希望の場合は、事前にお知らせください。

当ホテルのポイント還元クラブの大切な会員であるお客さまのご愛顧に感謝すると共に、快適で心安らぐ休日を提供できるのを楽しみにしております。183(B) また、会員カードへの換金可能なボーナスポイントの付与をご希望でしたら、滞在終了時に Comfort Suites のサービス品質調査にご協力ください。

敬具

Comfort Suites

Comfort Suites サービス品質調査
お客さま名:Donald Martel
ご滞在日:12月13日〜12月17日

・客室	悪い	良くない	普通	やや良い	良い	非常に良い
装飾					X	
サイズ				X		
清潔さ						X
アメニティ					X	

・ホテル	悪い	良くない	普通	やや良い	良い	非常に良い
全体的に、スタッフの親切さはいかがでしたか?					X	
全体的に、公共スペースの雰囲気はいかがでしたか?				X		
全体的に、ホテルのサービスはいかがでしたか?					X	
全体的に、お支払価格と比較して、価値はいかがでしたか?				X		

・レストラン	悪い	良くない	普通	やや良い	良い	非常に良い
メニューの種類				X		
一人前の量			X			
サービスの質					X	
スタッフの対応力					X	

・コメント:

[184]私はニュージーランドへの旅行をいつも楽しんでおりまして、このようなお手頃な価格で楽しめる滞在先を見つけることができてとても嬉しいです。親切なスタッフの方々が空港でご挨拶してくださり、旅行中ずっと私たちをしっかりともてなしてくださいました。とりわけ、私の子供たちがくつろげるようはからってくださったお気遣いに感銘を受けました。[185]提供いただいたお部屋は清潔で、滞在中トラブルや不便などはありませんでした。これからもまた是非とも Comfort Suites を利用していきたいと思います。

181. Eメールの目的は何ですか。
    (A) 新たな謝礼プログラムを知らせること
    (B) 支払い方法についてたずねること
    (C) 調査に参加したことへの感謝を伝えること
    (D) 宿泊手配を確認すること

182. Martel さんが Comfort Suites に到着したのは何日だと考えられますか。
    (A) 12月1日
    (B) 12月13日
    (C) 12月15日
    (D) 12月17日

183. Martel さんについて示されていないことは何ですか。
    (A) 家族と旅行した。
    (B) 会員ボーナスポイントを受けとることができない。
    (C) インターネットによって予約した。
    (D) 送迎手配を依頼した。

184. Comfort Suites について何がわかりますか。
    (A) New Zealand にある。
    (B) 昨年開業した。
    (C) 出張者を主な対象にしている。
    (D) インターネット上で宣伝している。

185. 調査は Martel さんについてどんなことを示していますか。
    (A) ホテルの内装に不満があった。
    (B) 部屋の清潔さにとても満足した。
    (C) 部屋料金が高すぎると思っている。
    (D) ホテルのレストランで食事をしなかった。

問題文：Eメール

- □ **survey** 名 調査 ⇒ □ **surveillance** 名 調査、監視
- □ **reservation** 名 予約、遠慮すること
  ⇒ □ **reserve** 動 予約する
- □ **booking** 名 予約 ⇒ □ **book** 動 予約する（≒ □ reserve）
- □ **thank you once again for choosing** お選びいただき、あらためて感謝申し上げます
- □ **detail** 名 詳細 ⇒ □ **detailed** 形 詳細にわたる
- □ **confirm** 動 確認する ⇒ □ **confirmation** 名 確認
- □ **length of stay** 滞在期間
- □ **expected arrival time** 予想到着時刻
- □ **total amount due** 総額
- □ **payment option** お支払方法
- □ **as soon as possible** できるだけ早く
- □ **accurate** 形 正確な ⇒ □ **accurately** 副 正確に
- □ **take advantage of** 〜を利用する
- □ **airport shuttle** 空港からの送迎
- □ **please let us know** お知らせください
- □ **in advance** 前もって
- □ **a valued member of** 〜の大切な会員
- □ **rewards club** ポイント還元クラブ
- □ **appreciate** 動 感謝する ⇒ □ **appreciation** 名 感謝
- □ **patronage** 名 ご愛顧
- □ **look forward to doing** 〜することを楽しみに待つ
- □ **provide A with B** AにBを供給する
- □ **comfortable** 形 快適な
  ⇒ □ **comfort** 名 心地良さ ⇒ □ **comfortably** 副 気楽に
- □ **relaxing** 形 リラックスできる
- □ **furthermore** 副 さらに
- □ **redeemable** 形 引き換えられる
  ⇒ □ **redeem** 動 引き換える
- □ **be sure to** 必ず〜する
- □ **complete** 動 完成させる 形 完全な、完成した

- □ **quality survey** 品質調査
- □ **upon completion of** 〜の完成時に

問題文:調査

- □ **poor** 形 悪い   □ **below average** 良くない
- □ **average** 形 普通である   □ **above average** 良い
- □ **great** 形 非常に良い   □ **excellent** 形 素晴らしい
- □ **décor** 名 装飾   □ **cleanliness** 名 清潔さ
- □ **amenity** 名 アメニティ
- □ **Overall, how would you rate 〜?** 全体的に〜はいかがでしたか。
- □ **the atmosphere of our common areas** 公共スペースの雰囲気
- □ **the provided hotel services** ホテルが提供したサービス
- □ **the value compared with what you paid** 支払い価格に対しての価値
- □ **menu variety** メニューの種類   □ **portion** 名 部分
- □ **promptness** 名 迅速さ
   ⇒ □ **prompt** 形 迅速な ⇒ □ **promptly** 副 迅速に
- □ **affordable** 形 余裕がある ⇒ □ **affordability** 名 値ごろ感
- □ **enjoyable** 形 楽しめる ⇒ □ **enjoyment** 名 喜び、楽しみ
- □ **greet** 動 挨拶をする   □ **treat** 動 もてなす
- □ **throughout** 前 〜の間中   □ **especially** 副 特に
- □ **be impressed with** 〜に感銘を受ける
- □ **effort** 名 努力 ⇒ □ **combined effort** 協力
- □ **put into** 〜の状況にする
- □ **make 〜 feel comfortable** 〜を快適に感じさせる
- □ **spotless** 形 非の打ちどころのない ⇒ □ **spot** 名 染み
- □ **difficulty** 名 困難
- □ **inconvenience** 名 不便、不都合
   ⇒ □ **inconvenient** 形 不便な、不都合な
- □ **during** 前 〜の間
- □ **definitely** 絶対に、是非 ⇒ □ **definite** 形 明確な

- □ **in the future** 今後、これから

設問・選択肢

- □ **advertise** 動 宣伝する、広告する
  ⇒ □ **advertisement** 名 宣伝、広告
- □ **rewards program** 謝礼プログラム
- □ **inquire about** ～についてたずねる
  ⇒ □ **inquiry** 名 問い合わせ
- □ **payment options** 支払い方法
- □ **appreciation for** ～への感謝
- □ **participate in a survey** 調査に参加する
- □ **confirm** 動 確認する ⇒ □ **confirmation** 名 確認
- □ **accommodation arrangement** 宿泊手配
- □ **arrive at** ～に到着する（≒ □ reach）
- □ **bonus membership point** 会員ボーナスポイント
- □ **arrangement of transportation** 送迎手配
- □ **primarily** 副 主に ⇒ □ **primal** 形 主要な 名 第一のこと
- □ **serve** 動 仕える、～のために働く
  ⇒ □ **serve as** ～として仕える
- □ **advertise** 動 宣伝する ⇒ □ **advertisement** 名 宣伝、広告
- □ **be satisfied with** ～に満足している
- □ **interior** 名 内装   □ **be happy with** ～に満足している
- □ **cleanliness** 名 清潔さ

Questions 181 through 185 refer to the following e-mail and survey.

	E-Mail Message
Date/Time:	❷⇒Tuesday December 1/11:26 A.M.
To:	Donald Martel (dmartel@mailbox.com)
From:	Reservations (reservations@comfortsuites.com)
Subject:	Your internet booking

Mr. Martel,

181 Thank you once again for choosing Comfort Suites. The following are the details of your confirmed 183(C) online booking: ⇒ ❸

❺⇒ 182 Length of stay: December 13–December 17 ⇒❻
❾⇒ Expected arrival time: 3:30 P.M.
183(A) Room type: Family deluxe
Number of guests: 4

Payment details:
Room rate: $120/night
Total amount due: $480
Payment option: Credit Card
Card number: **** **** **** 2188

Please contact us as soon as possible if any of these details are not accurate.
Also, 183(D) if you would like to take advantage of our free airport shuttle, please let us know in advance.

As a valued member of our rewards club, we appreciate your patronage and look forward to providing you with a comfortable and relaxing holiday. Furthermore, ₁₈₃(B) if you would like to receive redeemable bonus points on your membership card, be sure to complete the Comfort Suites quality survey upon completion of your stay. ⇒ 10

Kindest regards,

Comfort Suites

COMFORT SUITES QUALITY SURVEY

Customer name: Donald Martel
Date of stay: December 13–December 17

- **Room**

	Poor	Below Average	Average	Above Average	Great	Excellent
Décor					X	
Size				X		
Cleanliness						X
Amenities					X	

- **Hotel**

	Poor	Below Average	Average	Above Average	Great	Excellent
Overall, how would you rate the friendliness of our staff?					X	
Overall, how would you rate the atmosphere of our common areas?				X		
Overall, how would you rate the provided hotel services?					X	
Overall, how would you rate the value compared with what you paid?				X		

Part 7 解答・解説

• **Restaurant**

	Poor	Below Average	Average	Above Average	Great	Excellent
Menu Variety				X		
Portion size			X			
Service Quality					X	
Promptness of staff					X	

• **Comments:**

₁₈₄I always enjoy my trips to New Zealand, and I'm glad that I've found such an affordable and enjoyable place to stay. ⇒ 12 14 ⇒ Their friendly staff greeted us at the airport and treated us very well throughout the trip. I was especially impressed with the effort they put into making my children feel comfortable. ₁₈₅The room they gave us was spotless, and we didn't have any difficulties or inconveniences during our stay. I will definitely book with this Comfort Suites location again in the future. ⇒ 15

🔊61 **181.** 1 ⇒ What is the purpose of the e-mail? ⇒ 2

(A) 3 ⇒ To advertise a new rewards program
(B) To inquire about payment options
(C) To show appreciation for participating in a survey
(D) To confirm accommodation arrangements ⇒ 4

182. 4 ⇒ On what date did Mr. Martel most likely arrive at Comfort Suites? ⇒ 5

(A) 6 ⇒ December 1
(B) December 13 ⇒ 7

(C) December 15
(D) December 17

183. 7⇒What is NOT suggested about Mr. Martel? ⇒8

(A) 8⇒He travelled with his family members.
(B) He can't receive bonus membership points.
(C) He booked through the Internet.
(D) He requested arrangement of transportation. ⇒9

184. 10⇒What is indicated about Comfort Suites? ⇒11

(A) 12⇒It is in New Zealand. ⇒13
(B) It opened last year.
(C) It primarily serves business travelers.
(D) It advertises on the Internet.

185. 13⇒What does the survey indicate about Mr. Martel? ⇒14

(A) 15⇒He was not satisfied with the hotel's interior.
(B) He was very happy with the cleanliness of his room.⇒このセットの問題が終了
(C) He thinks the room rate is too high.
(D) He didn't eat in the hotel's restaurant.

読解の流れと解説

1 定石通り、まずは最初の問題の設問を読みます。
「メールの目的何？」とリテンションし、問題文に進みます。

2 第1段落の最初に Thank you once again for choosing Comfort Suites. The following are the details of your confirmed online booking とあるため、Eメールの目的はホテルのオンライン予約の確認の詳細だということがわかります。
181. の選択肢に進み、ほぼ同じ内容のものを探します。

3 (D) の To confirm accommodation arrangements（宿泊手配を確認すること）が本文の内容に一致することがわかります。(D) を正解としてマークし、182. の設問へと進みます。

4 On what date did Mr. Martel most likely arrive at Comfort Suites? とあるため「いつ Martel 到着した？」とリテンションし、181. の正解の根拠となった部分のすぐ次の文から再び読み進めていきます。

5 すぐ次の文に Length of stay: December 13–December 17 とあるため、Martel さんがホテルに到着するのは12月13日だということがわかります。182. の選択肢へ進みます。

6 ここは迷うことなく December 13 とある (B) が正解です。183. の NOT 問題に進みます。

7 NOT 問題は、設問を読んでそれをリテンションする、そこまでは他の通常の問題と同じです。

8 その後はそのまま選択肢を四つとも読み、内容を確認します。今回は Martel さんについて当てはまらないものを選ぶ問題です。問題文に戻り、183. の問題を解くために読み終えた続きの文から読み進めていきます。

9 (A) Room type: Family deluxe（部屋のタイプ：ファミリー・デラックス）、(D) if you would like to take advantage of our free airport shuttle, please let us know in advance（空港への送迎は前もってお知らせください）、そして、すでに第1段落の2文目に登場している (C) on line booking（オンライン予約）も含め、各選択肢の内容と一致するところが順番に見つかります。

　正解の根拠が見つかるたびに、左手の四本の指を使って不正解の選択肢（＝本文と内容が一致するもの）を消してください。

　選択肢 (B) の内容は、問題文で述べられていることと矛盾しています。調査に協力しているのですから、ポイントを受けとることはできるはずです。本番では、本文中の内容と一致する選択肢（＝不正解の選択肢）を三つ見つけた時点で残った一つを正解としてマーク、次の設問に進むようにしてください。時間管理を徹底できるかどうかが、TOEIC で目標スコアを獲れるかどうかの明暗を分けます。

10 184. は What is indicated about Comfort Suites? という質問なので、Comfort Suites について調べ尽くす、という意識を持って問題文に戻ります。

Part 7 解答・解説

11 下の調査のコメント欄には I always enjoy my trips to New Zealand, and I'm glad that I've found such an affordable and enjoyable place to stay. と述べられています。

つまり、記入者は New Zealand に旅行に行き、このホテルに泊まったということがわかります。

184. の選択肢に進みます。

12 選択肢 (A) に It is in New Zealand. とあるため、これが確実に正解になると判断してマーク、このセットの最後の設問へと進みます。

13 What does the survey indicate about Mr. Martel?（調査は Martel について何を示していますか？）とあるため、Martel に関する情報をすべて吸い上げるという意識で本文を読んでいきます。

14 コメント欄の最後から2文目に、The room they gave us was spotless（提供いただいたお部屋は清潔でした）とあります。184. の正解の根拠となった部分のすぐ次の文から読み進め、内容の理解 & 短期リテンションを行います。

その上で 185. の選択肢の内容を確認します。

15 He was very happy with the cleanliness of his room. と、選択肢 (B) にあります。

問題文の中では、調査のコメント部分の後半に The room they gave us was spotless とあります。

どちらの文も「部屋が清潔だった」という内容です。(B) をマークしてこのセットのタスクは終了となります。

322　第5章　全力特急特製「クォーター模試」解答・解説

正解

181. (D)　182. (B)　183. (B)　184. (A)　185. (B)

問題186〜190は次のメモと手紙に関するものです。

Globe パブリッシング従業員各位：

多くの方がお気づきかも知れませんが、Globe パブリッシングは Headlines マガジンとの契約に先ほど合意いたしました。188 世界規模での当社のビジネスの更なる拡大につながるこの機会に非常に感激しております。Headlines マガジンは、過去7年間に渡って知名度を上げ続けてきた非常に有望な出版社です。186 同社は今や毎月10,000人以上からオーダーを受けています。

この新規契約の結果、187 Globe パブリッシングは現在、近々人手が要ると思われるポジションを補うために新たな従業員を求めております。最も重要なところでは、編集や印刷のプロセスが滞りなく進むよう、Headlines マガジンの記者やカメラマンと連携して仕事をする主任編集者を募集しております。

このポジションは非常に高度なことを要求する職ですので、編集経験や、説得力のある推薦状が必須となります。また、選考を通過された候補者には、より規模の大きい Melbourne エリアへ異動いただく予定です。188 現在の従業員であるみなさまがこのポジションに応募される場合、もしくは要求に見合うと思われる方をご存知の場合は、私のオフィスに今月末までに記入済みの申込書類一式をご送付ください。

188 June Lee 編集長
Globe パブリッシング

Seri Moon
71 Hillview Drive
Sydney, Australia, NSW 6421

電話番号: (02) 7166-8904　　　Eメール: smoon@worldmail.com

5月19日
Globe パブリッシング
89 Coastal Road
Melbourne, Australia
QLD 4003

ご担当者さま

私は Seri Moon と申します。主任編集者のポジションに強い興味がある旨をお伝えしたくご連絡しております。御社のマーケティングアシスタントである Christopher Lewis さんからこのポジションについて伺いました。

自分自身の経験や学歴から、私はこのポジションに適任だと確信します。私は Sydney の大学を優れた成績で卒業し、190 編集アシスタントとして Focus Publications の編集長である James Crombey の下でこれまで4年間働いておりました。その間、編集プログラムや印刷工程などに非常に詳しくなりました。

もしこのポジションの担当に選ばれた場合には、Melbourne へ直ちに引っ越すことができますし、すぐに仕事を始められます。履歴書と併せて、添付された Crombey からの紹介状と、私の母校の教授である Brent Harding さんからの紹介状をご確認ください。

ご覧いただきありがとうございます。ご連絡をお待ちしております。

敬具

Seri Moon

186. Headlines 誌についてどんなことが述べられていますか。
    (A) 10,000 人を超える購読者がいる。
    (B) 12 年前から存在している。
    (C) 年 4 回発行されている。
    (D) 金融分野を主に扱っている。

187. メモの目的は何ですか。
    (A) 会社の事業を説明すること
    (B) 最近の出版物の成功を発表すること
    (C) 新事業への従事者を求めること
    (D) 近日中の監査を知らせること

188. Globe Publishing についてどんなことが示されていますか。
    (A) 多くの国で企業活動を行なっている。
    (B) 新しい企業である。
    (C) 雑誌を発行したことがない。
    (D) フィクション書籍を専門に扱っている。

189. Seri Moon さんが申込書を送ったのは誰だと考えられますか。
    (A) James Crombey
    (B) Christopher Lewis
    (C) June Lee
    (D) Brent Harding

190. James Crombey さんについてどんなことが述べられていますか。
    (A) 出版業界から引退している。
    (B) 他の出版社の編集者である。
    (C) Headlines 誌の記事を編集する予定である。
    (D) 以前 Lee さんと働いたことがある。

問題文：メモ

- **as many of you are aware** 多くの方がお気づきかも知れませんが
- **agree on** ～について同意する、～について合意する
  - ⇒ □ **agree to** （計画などに）同意する
  - ⇒ □ **agree with** （人に）同意する、～と一致する
- **contract** 名 契約
- **be excited about** ～に興奮している
- **opportunity** 名 機会　□ **further** 形 さらなる
- **expand** 動 拡大する　⇒ □ **expansion** 名 拡大
- **international business** 世界規模でのビジネス
- **successful** 形 成功している
  - ⇒ □ **succeed** 動 成功する、後を継ぐ
  - ⇒ □ **success** 名 成功　⇒ □ **successfully** 副 うまく
  - ⇒ □ **succession** 名 連続　⇒ □ **successive** 形 連続する
- **publication** 名 出版物　⇒ □ **publish** 動 出版する
- **continue** 動 続いている
  - ⇒ □ **continuous** 形 連続的な
  - ⇒ □ **continuously** 副 連続して
- **grow** 動 成長する　⇒ □ **growth** 名 成長
- **popularity** 名 人気　⇒ □ **popular** 形 人気のある
- **over the past seven years** 過去7年間に渡って
- **order** 動 注文する（≒ put an order, place an order）
- **as a result of** ～の結果として
- **seek** 動 探す（≒ □ search for）
- **hire** 動 雇う（≒ □ employ）
- **employee** 名 従業員
  - ⇒ □ **employer** 名 雇い主　⇒ □ **employment** 名 雇用
- **fill positions** ポジション（職）を埋める
- **prominently** 副 著しく、傑出して
  - ⇒ □ **prominent** 形 著しい、傑出した、著名な（≒ □ famous, renowned）
- **senior editor** 主任編集者
- **coordinate with** ～と連携して仕事をする

- □ **journalist** 名 ジャーナリスト ⇒ □ **journal** 名 定期刊行物
- □ **photographer** 名 写真家、カメラマン
  - ⇒ □ **photograph** 名 写真
  - ⇒ □ **photography** 名 写真撮影術、写真撮影業
  - ⇒ □ **photographic** 形 写真の
- □ **ensure** 動 保証する
  - ⇒ □ **ensure that** (that以下のことを) 保証する
  - ⇒ □ **assure 人 that** (人にthat以下のことを) 保証する
  - ⇒ □ **assure 人 of** (人にof以下のことを) 保証する
- □ **editing and printing process** 編集や印刷のプロセス
- □ **run** 動 進む、経営する
- □ **smoothly** 副 スムーズに ⇒ □ **smooth** 形 なめらかな
- □ **demanding** 形 高度なことを要求される
  - ⇒ □ **challenging** 形 困難だがやりがいがある
- □ **require** 動 要求する ⇒ □ **requirement** 名 必要条件、要件
- □ **extensive** 形 広範囲にわたる
  - ⇒ □ **extend** 動 広がる、延長する
  - ⇒ □ **extension** 名 延長、内線
- □ **experience** 名 経験 動 経験する
  - ⇒ □ **experienced** 形 経験豊かな (≒ □ seasoned)
- □ **reference** 名 推薦状 ⇒ □ **refer to** ～を参照する
- □ **candidate** 名 候補者
- □ **be expected to** ～することが期待できる
- □ **relocate to** ～に移動する
- □ **current** 形 現在の
  - ⇒ □ **currently** 副 現在 ⇒ □ **currency** 名 通貨
- □ **apply for** ～に申し込む
  - ⇒ □ **apply to** ～に適用する
  - ⇒ □ **apply A to B** AをBに適用する
- □ **fit** 動 合う 名 一致、調和 形 適切な、健康な
- □ **complete** 形 完全な 動 完成する
- □ **application package** 申込書類一式
- □ **by the end of this month** 今月末までに
- □ **editor in chief** 編集長

問題文：手紙

- **to whom it may concern** ご担当者さま
- **express** 動 表す、表現する ⇒ □ **expression** 名 表現
- **interest in** ～への関心
- **be notified of** ～について知らされる
- **marketing assistant** マーケティングアシスタント
- **believe** 動 信じる ⇒ □ **belief** 名 信念
- **perfect** 形 完璧な
- **fit** 名 一致、調和 動 合う 形 適切な、健康な
- **because of** ～なので（≒ □ on account of, due to, thanks to, owing to）
- **experience** 名 経験 動 経験する
  ⇒ □ **experienced** 形 経験豊かな（≒ □ seasoned）
- **graduate with honors from** ～を優秀な成績で卒業する
- **under** 前 ～の下で
- **become familiar with** ～に詳しくなる
- **procedure** 名 工程
- **move to** ～に引っ越しをする
- **promptly** 副 すぐに ⇒ □ **prompt** 形 迅速な
- **as soon as possible** できる限り早く
- **along with** ～と一緒に
- **attached reference letter** 添付された推薦状
- **A as well as B** AだけでなくBも
- **I look forward to hearing from you.** ご連絡をお待ちしております。
- **sincerely** 副 敬具 ⇒ □ **sincere** 形 誠実な、心の底からの

設問・選択肢

- **mention** 動 言う
  ⇒ □ **Don't mention it.** どういたしまして。
- **subscriber** 名 購読者 ⇒ □ **subscribe to** ～を購読する
- **exist** 動 存在する ⇒ □ **exsistence** 名 存在
- **publish** 動 出版する

- ⇒ □ **publisher** 名 出版社 ⇒ □ **publication** 名 出版物
- □ **quarterly** 副 年に４回
- □ **focus on** ～に焦点を合わせる
- □ **financial sector** 金融分野
- □ **purpose** 名 目的 ⇒ □ **on purpose** わざと、故意に
- □ **describe** 動 説明する、述べる、描写する
  - ⇒ □ **description** 名 描写
- □ **announce** 動 伝える ⇒ □ **announcement** 名 お知らせ
- □ **success** 名 成功
  - ⇒ □ **succeed** 動 成功する、後を継ぐ
  - ⇒ □ **successful** 形 成功している
  - ⇒ □ **successfully** 副 うまく
  - ⇒ □ **succession** 名 連続
  - ⇒ □ **successive** 形 連続する
- □ **recent** 形 最近の ⇒ □ **recently** 副 最近
- □ **seek** 動 探す (≒ □ sarch for)
- □ **employee** 名 従業員
  - ⇒ □ **employ** 動 雇う (≒ □ hire)
  - ⇒ □ **employer** 名 雇用主
  - ⇒ □ **employment** 名 雇用
- □ **venture** 名 新事業 動 思い切って～する
- □ **notify of** ～を知らせる
- □ **upcoming** 形 来る
- □ **inspection** 名 検査
  - ⇒ □ **inspect** 動 検査する ⇒ □ **inspector** 名 検査官
- □ **indicate** 動 示す ⇒ □ **indication** 名 指示
- □ **activity** 名 活動 ⇒ □ **active** 形 活発な
- □ **multiple** 形 複数の   □ **specializes in** ～を専門とする
- □ **fiction** 名 フィクションの
- □ **state** 動 述べる
  - ⇒ □ **statement** 声明
  - ⇒ □ **issue a statement** 声明を発表する
- □ **retire from** ～を引退する ⇒ □ **retirement** 名 引退
- □ **publishing business** 出版業界   □ **article** 名 記事

Questions 186 through 190 refer to the following memo and letter.

❷ ⇒ To all staff of Globe Publishing:

As many of you are aware, Globe Publishing has just agreed on a contract with Headlines magazine. 188 We are very excited about this opportunity to further expand our international business. Headlines magazine is a very successful publication that has continued to grow in popularity over the past seven years. 186 It is now ordered by over ten thousand people every month. ⇒ ❸

❺ ⇒ As a result of this new contract, 187 Globe Publishing is now seeking to hire new employees to fill positions that will soon be opening. Most prominently, we are seeking a senior editor to coordinate with Headlines magazine's journalists and photographers to ensure that the editing and printing process runs smoothly. ⇒ ❻

❽ ⇒ This position will be a very demanding job, and will require someone with extensive editing experience and strong references. The chosen candidate will also be expected to relocate to the greater Melbourne area. ₁₈₈If any current employees would like to apply for this position, or know someone who would fit our needs, please have a complete application package sent to my office by the end of this month. ⇒ **9**

11 ⇒ ₁₈₈*June Lee, Editor in Chief* ⇒ **12**
Globe Publishing

◀63

Seri Moon
71 Hillview Drive
Sydney, Australia, NSW 6421

Tel: (02) 7166-8904 E-mail: smoon@worldmail.com

May 19
Globe Publishing
89 Coastal Road
Melbourne, Australia
QLD 4003

To whom it may concern,

My name is Seri Moon and I'm writing to express my great interest in the position of senior editor at Globe Publishing. I was notified of this position by Christopher Lewis, a marketing assistant in your company.

14 ⇒ I believe that I would be a perfect fit for this position because of my experience and education. I graduated with honors from the University of Sydney, and <u>190 I have worked as an editor's assistant for the past four years under James Crombey, the editor in chief of Focus Publications.</u> ⇒ **15** During this time I became very familiar with the use of editing programs and printing procedures.

If chosen for this position, I would be able to move to Melbourne promptly and start as soon as possible. Along with my résumé, please find attached reference letters from my university professor, Brent Harding, as well as from Mr. Crombey.

Thank you for your time, and I look forward to hearing from you.

Sincerely,

Seri Moon

Seri Moon

🔊64 **186.** ❶⇒ What is mentioned about Headlines magazine? ⇒❷

(A) ❸⇒ It has more than 10,000 subscribers. ⇒❹
(B) It has existed for twelve years.
(C) It is published quarterly.
(D) It focuses on the financial sector.

187. ❹⇒ What is the purpose of the memo? ⇒❺

(A) ❻⇒ To describe the services of a company
(B) To announce the success of a recent publication
(C) To seek employees for a new venture ⇒❼
(D) To notify of an upcoming inspection

188. ❼⇒ What is indicated about Globe Publishing? ⇒❽

(A) ❾⇒ It has business activities in multiple countries. ⇒❿
(B) It is a new company.
(C) It has never published a magazine before.
(D) It specializes in fiction books.

189. ❿⇒ To whom did Seri Moon most likely send her application? ⇒⓫

(A) ⓬⇒ James Crombey
(B) Christopher Lewis
(C) June Lee ⇒⓭
(D) Brent Harding

Part 7 解答・解説

190. 13 ⇒ What is stated about James Crombey?
⇒ 14

(A) 15 ⇒ He has retired from the publishing business.
(B) He is an editor for another publishing company. ⇒ このセットの問題が終了
(C) He will be editing articles for Headlines magazine.
(D) He has worked with Ms. Lee before.

読解の流れと解説

1 まず最初の問題の設問から確認します。What is mentioned about Headlines magazine? とあるので「Headlines magazine について何言える?」とリテンションし、問題文に進みます。

2 第1段落を読み進めていくと、最後の方に It is now ordered by over ten thousand people every month.（10,000人以上の人が現在オーダーしている）と述べられています。186. の選択肢に進みます。

3 (A) に It has more than 10,000 subscribers. とあるため、(B)〜(D) を読まずして正解だと確信できます。(A) をマークし、187. の設問に進みます。

4 What is the purpose of the memo?（メモの目的何?）とあるため、引き続き上の文書を読み進めていきます。

334　第5章　全力特急特製「クォーター模試」解答・解説

5 第2段落を一通り読みます。最初の方に Globe Publishing is now seeking to hire new employees to fill positions that will soon be opening. とあるため、もうすぐ空きが出る職の募集を行っていることがわかります。187. の選択肢へ進み、これを簡単に言い換えたものを探します。

6 187. の選択肢を (A) から順に確認していくと、(C) に To seek employees for a new venture (新事業への従事者を求めること) と述べられています。(C) をマークし、188. の設問へと進みます。

7 What is indicated about Globe Publishing? とあるので、Global Publishing に関することに注意を払いつつ、先ほどの続きであるメモの第3段落の最初から読み進めていきます。

8 区切りよく第3段落を最後まで読み進め、188. の選択肢に進みます。

9 選択肢の (A)〜(D) を読み終えた段階で、第3段落には正解の根拠に関わる部分がないことがわかります。(A) の It has business activities in multiple countries. を読んだときに「すでに読んだところに書かれていた」ことを思い出せればリテンションがしっかりと生きている証拠です。

　先ほど読み終えた、最初の段落の2文目に We are very excited about this opportunity to further expand our international business. とあることを思い出せましたか？「世界規模での当社のビジネスの更なる拡大につながるこの機会に非常に感激しております」と述べていることから、す

でにこの会社は世界規模でビジネスを行っていることがわかります。(A) をマークし、189. の設問へと進みます。

10 To whom did Seri Moon most likely send her application?（Seri Moon さんが申込書を送ったのは誰だと考えられますか？）から、先ほど読み終えたメモの第3段落の最後の部分の内容を思い出せればOKです。please have a complete application package sent to my office by the end of this month（私のオフィスに今月末までに記入済みの申込書類一式をご送付ください）とあるため、この「私」の正体は、メモの差出人になります。

11 差出人は June Lee です、選択肢を確認します。

12 June Lee は (C) にいました。
　(C) をしっかりとマークして、最後の設問、190. に進みます。

13 What is stated about James Crombey? とあるため。Crombey という人名をしっかりと意識し、次は手紙の方を読み進めていきましょう。

　今回の問題のように、しっかりと段落分けされている文書を読む場合には、一つの段落単位で区切って読み進めていくと良いでしょう。

　たとえば、設問が三つあり、段落も三つあるような場合には、最初の設問を読む ⇒ 問題文の第1段落をすべて読む ⇒ 最初の設問の選択肢を読んで解答する ⇒ 二つ目の設問に進む、といった感じです。

14 手紙の第1段落を読み、190. の選択肢を一通り読んで理

解しても、まだ一致する内容が出てきていないことに気が付きましたか？ このような場合は、引き続き問題文を読み進めていきます。第2段落まで読み終えると、以下の内容が後半に出てきます。I have worked as an editor's assistant for the past four years under James Crombey, the editor in chief of Focus Publications.（編集アシスタントとしてFocus Publicationsの編集長であるJames Crombeyの下でこれまで4年間働いておりました）。James Crombeyが登場しました、彼はFocus Publicationの編集長であることがわかりました。あらためて選択肢に戻ります。

⓯ (B)の選択肢に He is an editor for another publishing company. とあり、another publishing company = Focus Publicationsであることがわかります。(B)をマークし、このセットの問題はすべて終了です。

正解

186. (A)　187. (C)　188. (A)　189. (C)　190. (B)

おわりに――人生、今がベスト

　英語学習を再開し、TOEICと向き合うようになって6年。
　ここまで走り続けてくることができたのは、多くの方々のおかげとしか言いようがありません。
　リアルで、そしてインターネット上で、お世話になってきた大勢の方々……枚挙にいとまがありません、ここで全員のお名前を挙げさせていただきたいのですが、紙面の都合上、それはまたの機会に譲らせてください。

　何ごともそうですが、今あきらめてしまったら、今後同じことに再チャレンジできる可能性は限りなく低くなってしまいます。
　これは、自分で自分の中に心理的な障壁をつくってしまうからなのですが、このことは誰もが経験的に理解していると思います。

　でも、今始めれば、明日の自分が変わるんです。
　明日の自分、半年後、1年後の自分がより幸せな人生を送ることができるように今の自分を少しだけ変えることができれば、その分だけ未来があなたの手の中で育つのです。
　そして、未来に幸せを得ることができたなら、周りの誰かにそれを少しだけでも良いので分けてあげてください。
　たとえそれがどんなに小さなものでも構いません。

　今始めるということが、将来の自分のためだけでなく、誰かの人生の手助けになるかもしれません。

英語に関して何も持っていなかった僕ですら、こうしてあなたの役に立ちたくて本を書くことができたのですから。

　僕は過去が今よりも輝いていた、という経験がありません。
　人生、今がベストです。
　今をベストにし続けることができれば、人生、永遠にベストなのです。

　そのためには、今やること。
　始めること。
　継続すること。

　目標が明確に決まっているのであれば、その目標に向かって歩みだしましょう。
　そして「絶対に実現させるんだ」という思いを持って突き進んでいきましょう。

　僕はこれからも、今を人生最高の瞬間にし続けられるよう努力し、精進することを誓います。
　努力するあなたを、応援し続けられる存在でいられるように。

濵﨑 潤之輔
(HUMMER)

新TOEIC® TEST 全力特急 第1〜4章 実戦トレーニング [正解一覧]

LISTENING SECTION

Part 1

No.	A	B	C	D
1	A	B	●	D
2	A	●	C	D
3	A	●	C	D
4	A	B	C	●

Part 2

No.	A	B	C
11	●	B	C
12	●	B	C
13	A	B	●
14	●	B	C

Part 3

No.	A	B	C	D
41	A	B	●	D
42	●	B	C	D
43	●	B	C	D
44	●	B	C	D
45	A	B	C	D
46	A	B	●	D
47	A	B	C	●
48	A	B	●	D
49	A	●	C	D

Part 4

No.	A	B	C	D
71	●	B	C	D
72	A	B	●	D
73	A	B	●	D
74	A	B	C	D
75	●	B	C	D
76	A	●	C	D
77	A	B	C	D
78	A	B	C	●
79	●	B	C	D

READING SECTION

Part 5

No.	A	B	C	D
103	A	B	C	●
104	A	B	●	D
105	A	B	C	D
106	A	B	C	D
107	A	●	C	D
108	A	●	C	D

Part 7

No.	A	B	C	D
156	●	B	C	D
157	A	B	C	●
158	●	B	C	D
186	●	B	C	D
187	A	B	●	D
188	A	B	C	●
189	●	B	C	D
190	A	B	C	●

※復習用にコピーしてお使いください。

新TOEIC® TEST 全力特急 クォーター模試 【正解一覧】

※復習用にコピーしてお使いください。

LISTENING SECTION

Part 1

No.	ANSWER A B C D
1	A ● C D
2	A ● C D
3	A ● C D
4	A B ● D

Part 2

No.	A B C
11	A B ●
12	A B ●
13	A ● C
14	A ● C

Part 3

No.	ANSWER A B C D
41	● B C D
42	A ● C D
43	A B ● D
44	A B ● D
45	● B C D
46	A ● C D

Part 4

No.	ANSWER A B C D
71	A ● C D
72	A B C ●
73	A B ● D
74	A B ● D
75	A ● C D
76	A B C ●

READING SECTION

Part 5

No.	ANSWER A B C D
101	A B C ●
102	A ● C D
103	● B C D
104	A B C ●
105	A B ● D
106	A B C ●
107	A ● C D
108	A B C ●

Part 6

No.	ANSWER A B C D
141	● B C D
142	A ● C D
143	A ● C D

Part 7

No.	ANSWER A B C D
153	A ● C D
154	A B C ●
155	A B C ●
156	A B C ●
157	A ● C D
158	A ● C D
159	A ● C D
160	A ● C D
161	A B ● D
181	A B C ●
182	A B C ●
183	A B C ●
184	A B ● D
185	A B ● D
186	A B ● D
187	A B ● D
188	A B ● D
189	A ● C D
190	A ● C D

※復習用にコピーしてお使いください。

新TOEIC® TEST 全力特急 絶対ハイスコア　第1〜4章　実戦トレーニング　解答用紙

LISTENING SECTION

Part 1

No.	ANSWER A B C D
1	Ⓐ Ⓑ Ⓒ Ⓓ
2	Ⓐ Ⓑ Ⓒ Ⓓ
3	Ⓐ Ⓑ Ⓒ Ⓓ
4	Ⓐ Ⓑ Ⓒ Ⓓ

Part 2

No.	ANSWER A B C
11	Ⓐ Ⓑ Ⓒ
12	Ⓐ Ⓑ Ⓒ
13	Ⓐ Ⓑ Ⓒ
14	Ⓐ Ⓑ Ⓒ

Part 3

No.	ANSWER A B C D
41	Ⓐ Ⓑ Ⓒ Ⓓ
42	Ⓐ Ⓑ Ⓒ Ⓓ
43	Ⓐ Ⓑ Ⓒ Ⓓ
44	Ⓐ Ⓑ Ⓒ Ⓓ
45	Ⓐ Ⓑ Ⓒ Ⓓ
46	Ⓐ Ⓑ Ⓒ Ⓓ
47	Ⓐ Ⓑ Ⓒ Ⓓ
48	Ⓐ Ⓑ Ⓒ Ⓓ
49	Ⓐ Ⓑ Ⓒ Ⓓ

Part 4

No.	ANSWER A B C D
71	Ⓐ Ⓑ Ⓒ Ⓓ
72	Ⓐ Ⓑ Ⓒ Ⓓ
73	Ⓐ Ⓑ Ⓒ Ⓓ
74	Ⓐ Ⓑ Ⓒ Ⓓ
75	Ⓐ Ⓑ Ⓒ Ⓓ
76	Ⓐ Ⓑ Ⓒ Ⓓ
77	Ⓐ Ⓑ Ⓒ Ⓓ
78	Ⓐ Ⓑ Ⓒ Ⓓ
79	Ⓐ Ⓑ Ⓒ Ⓓ

READING SECTION

Part 5

No.	ANSWER A B C D
103	Ⓐ Ⓑ Ⓒ Ⓓ
104	Ⓐ Ⓑ Ⓒ Ⓓ
105	Ⓐ Ⓑ Ⓒ Ⓓ
106	Ⓐ Ⓑ Ⓒ Ⓓ
107	Ⓐ Ⓑ Ⓒ Ⓓ
108	Ⓐ Ⓑ Ⓒ Ⓓ

Part 7

No.	ANSWER A B C D
156	Ⓐ Ⓑ Ⓒ Ⓓ
157	Ⓐ Ⓑ Ⓒ Ⓓ
158	Ⓐ Ⓑ Ⓒ Ⓓ
186	Ⓐ Ⓑ Ⓒ Ⓓ
187	Ⓐ Ⓑ Ⓒ Ⓓ
188	Ⓐ Ⓑ Ⓒ Ⓓ
189	Ⓐ Ⓑ Ⓒ Ⓓ
190	Ⓐ Ⓑ Ⓒ Ⓓ

キリトリ

新TOEIC® TEST 全力特急 絶対ハイスコア クォーター模試 解答用紙

※復習用にコピーしてお使いください。 ✂キリトリ

LISTENING SECTION

No.	ANSWER A B C D		No.	ANSWER A B C D		No.	ANSWER A B C D
Part 1			**Part 3**			**Part 4**	
1	Ⓐ Ⓑ Ⓒ Ⓓ		41	Ⓐ Ⓑ Ⓒ Ⓓ		71	Ⓐ Ⓑ Ⓒ Ⓓ
2	Ⓐ Ⓑ Ⓒ Ⓓ		42	Ⓐ Ⓑ Ⓒ Ⓓ		72	Ⓐ Ⓑ Ⓒ Ⓓ
3	Ⓐ Ⓑ Ⓒ Ⓓ		43	Ⓐ Ⓑ Ⓒ Ⓓ		73	Ⓐ Ⓑ Ⓒ Ⓓ
4	Ⓐ Ⓑ Ⓒ Ⓓ		44	Ⓐ Ⓑ Ⓒ Ⓓ		74	Ⓐ Ⓑ Ⓒ Ⓓ
Part 2			45	Ⓐ Ⓑ Ⓒ Ⓓ		75	Ⓐ Ⓑ Ⓒ Ⓓ
11	Ⓐ Ⓑ Ⓒ		46	Ⓐ Ⓑ Ⓒ Ⓓ		76	Ⓐ Ⓑ Ⓒ Ⓓ
12	Ⓐ Ⓑ Ⓒ						
13	Ⓐ Ⓑ Ⓒ						
14	Ⓐ Ⓑ Ⓒ						

READING SECTION

No.	ANSWER A B C D		No.	ANSWER A B C D		No.	ANSWER A B C D
Part 5			**Part 6**			**Part 7**	
101	Ⓐ Ⓑ Ⓒ Ⓓ		141	Ⓐ Ⓑ Ⓒ Ⓓ		153	Ⓐ Ⓑ Ⓒ Ⓓ
102	Ⓐ Ⓑ Ⓒ Ⓓ		142	Ⓐ Ⓑ Ⓒ Ⓓ		154	Ⓐ Ⓑ Ⓒ Ⓓ
103	Ⓐ Ⓑ Ⓒ Ⓓ		143	Ⓐ Ⓑ Ⓒ Ⓓ		155	Ⓐ Ⓑ Ⓒ Ⓓ
104	Ⓐ Ⓑ Ⓒ Ⓓ					156	Ⓐ Ⓑ Ⓒ Ⓓ
105	Ⓐ Ⓑ Ⓒ Ⓓ					157	Ⓐ Ⓑ Ⓒ Ⓓ
106	Ⓐ Ⓑ Ⓒ Ⓓ					158	Ⓐ Ⓑ Ⓒ Ⓓ
107	Ⓐ Ⓑ Ⓒ Ⓓ					159	Ⓐ Ⓑ Ⓒ Ⓓ
108	Ⓐ Ⓑ Ⓒ Ⓓ					160	Ⓐ Ⓑ Ⓒ Ⓓ
						161	Ⓐ Ⓑ Ⓒ Ⓓ
						181	Ⓐ Ⓑ Ⓒ Ⓓ
						182	Ⓐ Ⓑ Ⓒ Ⓓ
						183	Ⓐ Ⓑ Ⓒ Ⓓ
						184	Ⓐ Ⓑ Ⓒ Ⓓ
						185	Ⓐ Ⓑ Ⓒ Ⓓ
						186	Ⓐ Ⓑ Ⓒ Ⓓ
						187	Ⓐ Ⓑ Ⓒ Ⓓ
						188	Ⓐ Ⓑ Ⓒ Ⓓ
						189	Ⓐ Ⓑ Ⓒ Ⓓ
						190	Ⓐ Ⓑ Ⓒ Ⓓ

新TOEIC® TEST 全力特急 絶対ハイスコア 第1～4章 実戦トレーニング 解答用紙

LISTENING SECTION

Part 1

No.	ANSWER A B C D
1	Ⓐ Ⓑ Ⓒ Ⓓ
2	Ⓐ Ⓑ Ⓒ Ⓓ
3	Ⓐ Ⓑ Ⓒ Ⓓ
4	Ⓐ Ⓑ Ⓒ Ⓓ

Part 2

No.	ANSWER A B C
11	Ⓐ Ⓑ Ⓒ
12	Ⓐ Ⓑ Ⓒ
13	Ⓐ Ⓑ Ⓒ
14	Ⓐ Ⓑ Ⓒ

Part 3

No.	ANSWER A B C D
41	Ⓐ Ⓑ Ⓒ Ⓓ
42	Ⓐ Ⓑ Ⓒ Ⓓ
43	Ⓐ Ⓑ Ⓒ Ⓓ
44	Ⓐ Ⓑ Ⓒ Ⓓ
45	Ⓐ Ⓑ Ⓒ Ⓓ
46	Ⓐ Ⓑ Ⓒ Ⓓ
47	Ⓐ Ⓑ Ⓒ Ⓓ
48	Ⓐ Ⓑ Ⓒ Ⓓ
49	Ⓐ Ⓑ Ⓒ Ⓓ

Part 4

No.	ANSWER A B C D
71	Ⓐ Ⓑ Ⓒ Ⓓ
72	Ⓐ Ⓑ Ⓒ Ⓓ
73	Ⓐ Ⓑ Ⓒ Ⓓ
74	Ⓐ Ⓑ Ⓒ Ⓓ
75	Ⓐ Ⓑ Ⓒ Ⓓ
76	Ⓐ Ⓑ Ⓒ Ⓓ
77	Ⓐ Ⓑ Ⓒ Ⓓ
78	Ⓐ Ⓑ Ⓒ Ⓓ
79	Ⓐ Ⓑ Ⓒ Ⓓ

READING SECTION

Part 5

No.	ANSWER A B C D
103	Ⓐ Ⓑ Ⓒ Ⓓ
104	Ⓐ Ⓑ Ⓒ Ⓓ
105	Ⓐ Ⓑ Ⓒ Ⓓ
106	Ⓐ Ⓑ Ⓒ Ⓓ
107	Ⓐ Ⓑ Ⓒ Ⓓ
108	Ⓐ Ⓑ Ⓒ Ⓓ

Part 7

No.	ANSWER A B C D
156	Ⓐ Ⓑ Ⓒ Ⓓ
157	Ⓐ Ⓑ Ⓒ Ⓓ
158	Ⓐ Ⓑ Ⓒ Ⓓ
186	Ⓐ Ⓑ Ⓒ Ⓓ
187	Ⓐ Ⓑ Ⓒ Ⓓ
188	Ⓐ Ⓑ Ⓒ Ⓓ
189	Ⓐ Ⓑ Ⓒ Ⓓ
190	Ⓐ Ⓑ Ⓒ Ⓓ

※復習用にコピーしてお使いください。

新TOEIC® TEST 全力特急 絶対ハイスコア クォーター模試 解答用紙

LISTENING SECTION

Part 1

No.	ANSWER A B C D
1	Ⓐ Ⓑ Ⓒ Ⓓ
2	Ⓐ Ⓑ Ⓒ Ⓓ
3	Ⓐ Ⓑ Ⓒ Ⓓ
4	Ⓐ Ⓑ Ⓒ Ⓓ

Part 2

No.	ANSWER A B C
11	Ⓐ Ⓑ Ⓒ
12	Ⓐ Ⓑ Ⓒ
13	Ⓐ Ⓑ Ⓒ
14	Ⓐ Ⓑ Ⓒ

Part 3

No.	ANSWER A B C D
41	Ⓐ Ⓑ Ⓒ Ⓓ
42	Ⓐ Ⓑ Ⓒ Ⓓ
43	Ⓐ Ⓑ Ⓒ Ⓓ
44	Ⓐ Ⓑ Ⓒ Ⓓ
45	Ⓐ Ⓑ Ⓒ Ⓓ
46	Ⓐ Ⓑ Ⓒ Ⓓ

Part 4

No.	ANSWER A B C D
71	Ⓐ Ⓑ Ⓒ Ⓓ
72	Ⓐ Ⓑ Ⓒ Ⓓ
73	Ⓐ Ⓑ Ⓒ Ⓓ
74	Ⓐ Ⓑ Ⓒ Ⓓ
75	Ⓐ Ⓑ Ⓒ Ⓓ
76	Ⓐ Ⓑ Ⓒ Ⓓ

READING SECTION

Part 5

No.	ANSWER A B C D
101	Ⓐ Ⓑ Ⓒ Ⓓ
102	Ⓐ Ⓑ Ⓒ Ⓓ
103	Ⓐ Ⓑ Ⓒ Ⓓ
104	Ⓐ Ⓑ Ⓒ Ⓓ
105	Ⓐ Ⓑ Ⓒ Ⓓ
106	Ⓐ Ⓑ Ⓒ Ⓓ
107	Ⓐ Ⓑ Ⓒ Ⓓ
108	Ⓐ Ⓑ Ⓒ Ⓓ

Part 6

No.	ANSWER A B C D
141	Ⓐ Ⓑ Ⓒ Ⓓ
142	Ⓐ Ⓑ Ⓒ Ⓓ
143	Ⓐ Ⓑ Ⓒ Ⓓ

Part 7

No.	ANSWER A B C D
153	Ⓐ Ⓑ Ⓒ Ⓓ
154	Ⓐ Ⓑ Ⓒ Ⓓ
155	Ⓐ Ⓑ Ⓒ Ⓓ
156	Ⓐ Ⓑ Ⓒ Ⓓ
157	Ⓐ Ⓑ Ⓒ Ⓓ
158	Ⓐ Ⓑ Ⓒ Ⓓ
159	Ⓐ Ⓑ Ⓒ Ⓓ
160	Ⓐ Ⓑ Ⓒ Ⓓ
161	Ⓐ Ⓑ Ⓒ Ⓓ

No.	ANSWER A B C D
181	Ⓐ Ⓑ Ⓒ Ⓓ
182	Ⓐ Ⓑ Ⓒ Ⓓ
183	Ⓐ Ⓑ Ⓒ Ⓓ
184	Ⓐ Ⓑ Ⓒ Ⓓ
185	Ⓐ Ⓑ Ⓒ Ⓓ
186	Ⓐ Ⓑ Ⓒ Ⓓ
187	Ⓐ Ⓑ Ⓒ Ⓓ
188	Ⓐ Ⓑ Ⓒ Ⓓ
189	Ⓐ Ⓑ Ⓒ Ⓓ
190	Ⓐ Ⓑ Ⓒ Ⓓ

※復習用にコピーしてお使いください。

✂ キリトリ

新TOEIC® TEST 全力特急 絶対ハイスコア 第1〜4章 実戦トレーニング 解答用紙

LISTENING SECTION

Part 1

No.	ANSWER A B C D
1	Ⓐ Ⓑ Ⓒ Ⓓ
2	Ⓐ Ⓑ Ⓒ Ⓓ
3	Ⓐ Ⓑ Ⓒ Ⓓ
4	Ⓐ Ⓑ Ⓒ Ⓓ

Part 2

No.	ANSWER A B C
11	Ⓐ Ⓑ Ⓒ
12	Ⓐ Ⓑ Ⓒ
13	Ⓐ Ⓑ Ⓒ
14	Ⓐ Ⓑ Ⓒ

Part 3

No.	ANSWER A B C D
41	Ⓐ Ⓑ Ⓒ Ⓓ
42	Ⓐ Ⓑ Ⓒ Ⓓ
43	Ⓐ Ⓑ Ⓒ Ⓓ
44	Ⓐ Ⓑ Ⓒ Ⓓ
45	Ⓐ Ⓑ Ⓒ Ⓓ
46	Ⓐ Ⓑ Ⓒ Ⓓ
47	Ⓐ Ⓑ Ⓒ Ⓓ
48	Ⓐ Ⓑ Ⓒ Ⓓ
49	Ⓐ Ⓑ Ⓒ Ⓓ

Part 4

No.	ANSWER A B C D
71	Ⓐ Ⓑ Ⓒ Ⓓ
72	Ⓐ Ⓑ Ⓒ Ⓓ
73	Ⓐ Ⓑ Ⓒ Ⓓ
74	Ⓐ Ⓑ Ⓒ Ⓓ
75	Ⓐ Ⓑ Ⓒ Ⓓ
76	Ⓐ Ⓑ Ⓒ Ⓓ
77	Ⓐ Ⓑ Ⓒ Ⓓ
78	Ⓐ Ⓑ Ⓒ Ⓓ
79	Ⓐ Ⓑ Ⓒ Ⓓ

READING SECTION

Part 5

No.	ANSWER A B C D
103	Ⓐ Ⓑ Ⓒ Ⓓ
104	Ⓐ Ⓑ Ⓒ Ⓓ
105	Ⓐ Ⓑ Ⓒ Ⓓ
106	Ⓐ Ⓑ Ⓒ Ⓓ
107	Ⓐ Ⓑ Ⓒ Ⓓ
108	Ⓐ Ⓑ Ⓒ Ⓓ

Part 7

No.	ANSWER A B C D
156	Ⓐ Ⓑ Ⓒ Ⓓ
157	Ⓐ Ⓑ Ⓒ Ⓓ
158	Ⓐ Ⓑ Ⓒ Ⓓ
186	Ⓐ Ⓑ Ⓒ Ⓓ
187	Ⓐ Ⓑ Ⓒ Ⓓ
188	Ⓐ Ⓑ Ⓒ Ⓓ
189	Ⓐ Ⓑ Ⓒ Ⓓ
190	Ⓐ Ⓑ Ⓒ Ⓓ

※復習用にコピーしてお使いください。

新TOEIC® TEST 全力特急 絶対ハイスコア クォーター模試 解答用紙

※復習用にコピーしてお使いください。

LISTENING SECTION

Part 1

No.	ANSWER
1	Ⓐ Ⓑ Ⓒ Ⓓ
2	Ⓐ Ⓑ Ⓒ Ⓓ
3	Ⓐ Ⓑ Ⓒ Ⓓ
4	Ⓐ Ⓑ Ⓒ Ⓓ

Part 2

No.	ANSWER
11	Ⓐ Ⓑ Ⓒ
12	Ⓐ Ⓑ Ⓒ
13	Ⓐ Ⓑ Ⓒ
14	Ⓐ Ⓑ Ⓒ

Part 3

No.	ANSWER
41	Ⓐ Ⓑ Ⓒ Ⓓ
42	Ⓐ Ⓑ Ⓒ Ⓓ
43	Ⓐ Ⓑ Ⓒ Ⓓ
44	Ⓐ Ⓑ Ⓒ Ⓓ
45	Ⓐ Ⓑ Ⓒ Ⓓ
46	Ⓐ Ⓑ Ⓒ Ⓓ

Part 4

No.	ANSWER
71	Ⓐ Ⓑ Ⓒ Ⓓ
72	Ⓐ Ⓑ Ⓒ Ⓓ
73	Ⓐ Ⓑ Ⓒ Ⓓ
74	Ⓐ Ⓑ Ⓒ Ⓓ
75	Ⓐ Ⓑ Ⓒ Ⓓ
76	Ⓐ Ⓑ Ⓒ Ⓓ

READING SECTION

Part 5

No.	ANSWER
101	Ⓐ Ⓑ Ⓒ Ⓓ
102	Ⓐ Ⓑ Ⓒ Ⓓ
103	Ⓐ Ⓑ Ⓒ Ⓓ
104	Ⓐ Ⓑ Ⓒ Ⓓ
105	Ⓐ Ⓑ Ⓒ Ⓓ
106	Ⓐ Ⓑ Ⓒ Ⓓ
107	Ⓐ Ⓑ Ⓒ Ⓓ
108	Ⓐ Ⓑ Ⓒ Ⓓ

Part 6

No.	ANSWER
141	Ⓐ Ⓑ Ⓒ Ⓓ
142	Ⓐ Ⓑ Ⓒ Ⓓ
143	Ⓐ Ⓑ Ⓒ Ⓓ

Part 7

No.	ANSWER
153	Ⓐ Ⓑ Ⓒ Ⓓ
154	Ⓐ Ⓑ Ⓒ Ⓓ
155	Ⓐ Ⓑ Ⓒ Ⓓ
156	Ⓐ Ⓑ Ⓒ Ⓓ
157	Ⓐ Ⓑ Ⓒ Ⓓ
158	Ⓐ Ⓑ Ⓒ Ⓓ
159	Ⓐ Ⓑ Ⓒ Ⓓ
160	Ⓐ Ⓑ Ⓒ Ⓓ
161	Ⓐ Ⓑ Ⓒ Ⓓ
181	Ⓐ Ⓑ Ⓒ Ⓓ
182	Ⓐ Ⓑ Ⓒ Ⓓ
183	Ⓐ Ⓑ Ⓒ Ⓓ
184	Ⓐ Ⓑ Ⓒ Ⓓ
185	Ⓐ Ⓑ Ⓒ Ⓓ
186	Ⓐ Ⓑ Ⓒ Ⓓ
187	Ⓐ Ⓑ Ⓒ Ⓓ
188	Ⓐ Ⓑ Ⓒ Ⓓ
189	Ⓐ Ⓑ Ⓒ Ⓓ
190	Ⓐ Ⓑ Ⓒ Ⓓ

✂ キリトリ

新TOEIC® TEST 全力特急 絶対ハイスコア 第1〜4章 実戦トレーニング 解答用紙

※復習用にコピーしてお使いください。

LISTENING SECTION

Part 1

No.	ANSWER A B C D
1	Ⓐ Ⓑ Ⓒ Ⓓ
2	Ⓐ Ⓑ Ⓒ Ⓓ
3	Ⓐ Ⓑ Ⓒ Ⓓ
4	Ⓐ Ⓑ Ⓒ Ⓓ

Part 2

No.	ANSWER A B C
11	Ⓐ Ⓑ Ⓒ
12	Ⓐ Ⓑ Ⓒ
13	Ⓐ Ⓑ Ⓒ
14	Ⓐ Ⓑ Ⓒ

Part 3

No.	ANSWER A B C D
41	Ⓐ Ⓑ Ⓒ Ⓓ
42	Ⓐ Ⓑ Ⓒ Ⓓ
43	Ⓐ Ⓑ Ⓒ Ⓓ
44	Ⓐ Ⓑ Ⓒ Ⓓ
45	Ⓐ Ⓑ Ⓒ Ⓓ
46	Ⓐ Ⓑ Ⓒ Ⓓ
47	Ⓐ Ⓑ Ⓒ Ⓓ
48	Ⓐ Ⓑ Ⓒ Ⓓ
49	Ⓐ Ⓑ Ⓒ Ⓓ

Part 4

No.	ANSWER A B C D
71	Ⓐ Ⓑ Ⓒ Ⓓ
72	Ⓐ Ⓑ Ⓒ Ⓓ
73	Ⓐ Ⓑ Ⓒ Ⓓ
74	Ⓐ Ⓑ Ⓒ Ⓓ
75	Ⓐ Ⓑ Ⓒ Ⓓ
76	Ⓐ Ⓑ Ⓒ Ⓓ
77	Ⓐ Ⓑ Ⓒ Ⓓ
78	Ⓐ Ⓑ Ⓒ Ⓓ
79	Ⓐ Ⓑ Ⓒ Ⓓ

READING SECTION

Part 5

No.	ANSWER A B C D
103	Ⓐ Ⓑ Ⓒ Ⓓ
104	Ⓐ Ⓑ Ⓒ Ⓓ
105	Ⓐ Ⓑ Ⓒ Ⓓ
106	Ⓐ Ⓑ Ⓒ Ⓓ
107	Ⓐ Ⓑ Ⓒ Ⓓ
108	Ⓐ Ⓑ Ⓒ Ⓓ

Part 7

No.	ANSWER A B C D
156	Ⓐ Ⓑ Ⓒ Ⓓ
157	Ⓐ Ⓑ Ⓒ Ⓓ
158	Ⓐ Ⓑ Ⓒ Ⓓ
186	Ⓐ Ⓑ Ⓒ Ⓓ
187	Ⓐ Ⓑ Ⓒ Ⓓ
188	Ⓐ Ⓑ Ⓒ Ⓓ
189	Ⓐ Ⓑ Ⓒ Ⓓ
190	Ⓐ Ⓑ Ⓒ Ⓓ

キリトリ線

新TOEIC® TEST 全力特急 絶対ハイスコア クォーター模試 解答用紙

LISTENING SECTION

Part 1

No.	ANSWER
1	Ⓐ Ⓑ Ⓒ Ⓓ
2	Ⓐ Ⓑ Ⓒ Ⓓ
3	Ⓐ Ⓑ Ⓒ Ⓓ
4	Ⓐ Ⓑ Ⓒ Ⓓ

Part 2

No.	ANSWER
11	Ⓐ Ⓑ Ⓒ
12	Ⓐ Ⓑ Ⓒ
13	Ⓐ Ⓑ Ⓒ
14	Ⓐ Ⓑ Ⓒ

Part 3

No.	ANSWER
41	Ⓐ Ⓑ Ⓒ Ⓓ
42	Ⓐ Ⓑ Ⓒ Ⓓ
43	Ⓐ Ⓑ Ⓒ Ⓓ
44	Ⓐ Ⓑ Ⓒ Ⓓ
45	Ⓐ Ⓑ Ⓒ Ⓓ
46	Ⓐ Ⓑ Ⓒ Ⓓ

Part 4

No.	ANSWER
71	Ⓐ Ⓑ Ⓒ Ⓓ
72	Ⓐ Ⓑ Ⓒ Ⓓ
73	Ⓐ Ⓑ Ⓒ Ⓓ
74	Ⓐ Ⓑ Ⓒ Ⓓ
75	Ⓐ Ⓑ Ⓒ Ⓓ
76	Ⓐ Ⓑ Ⓒ Ⓓ

READING SECTION

Part 5

No.	ANSWER
101	Ⓐ Ⓑ Ⓒ Ⓓ
102	Ⓐ Ⓑ Ⓒ Ⓓ
103	Ⓐ Ⓑ Ⓒ Ⓓ
104	Ⓐ Ⓑ Ⓒ Ⓓ
105	Ⓐ Ⓑ Ⓒ Ⓓ
106	Ⓐ Ⓑ Ⓒ Ⓓ
107	Ⓐ Ⓑ Ⓒ Ⓓ
108	Ⓐ Ⓑ Ⓒ Ⓓ

Part 6

No.	ANSWER
141	Ⓐ Ⓑ Ⓒ Ⓓ
142	Ⓐ Ⓑ Ⓒ Ⓓ
143	Ⓐ Ⓑ Ⓒ Ⓓ

Part 7

No.	ANSWER
153	Ⓐ Ⓑ Ⓒ Ⓓ
154	Ⓐ Ⓑ Ⓒ Ⓓ
155	Ⓐ Ⓑ Ⓒ Ⓓ
156	Ⓐ Ⓑ Ⓒ Ⓓ
157	Ⓐ Ⓑ Ⓒ Ⓓ
158	Ⓐ Ⓑ Ⓒ Ⓓ
159	Ⓐ Ⓑ Ⓒ Ⓓ
160	Ⓐ Ⓑ Ⓒ Ⓓ
161	Ⓐ Ⓑ Ⓒ Ⓓ
181	Ⓐ Ⓑ Ⓒ Ⓓ
182	Ⓐ Ⓑ Ⓒ Ⓓ
183	Ⓐ Ⓑ Ⓒ Ⓓ
184	Ⓐ Ⓑ Ⓒ Ⓓ
185	Ⓐ Ⓑ Ⓒ Ⓓ
186	Ⓐ Ⓑ Ⓒ Ⓓ
187	Ⓐ Ⓑ Ⓒ Ⓓ
188	Ⓐ Ⓑ Ⓒ Ⓓ
189	Ⓐ Ⓑ Ⓒ Ⓓ
190	Ⓐ Ⓑ Ⓒ Ⓓ

※復習用にコピーしてお使いください。

✂ キリトリ

著者紹介

濵﨑 潤之輔 (はまさき じゅんのすけ)

企業研修・大学講師
ファーストリテイリングをはじめ、大手自動車メーカー、明海大学・獨協大学などで TOEIC の講義を行う。TOEIC 990 点を 10 回以上取得。
ブログ：独学で TOEIC 990 点を目指す！
　　　http://independentstudy.blog118.fc2.com/
Twitter アカウント：@HUMMER_TOEIC

Kim, Dae-Kyun (キム・デギュン)

YBM 時事英語社 YBMe4u 学院講師、金大鈞語学院院長
高麗大学英語英文科、高麗大学大学院英語英文科卒業。
延世語学堂と西江大学で TOEIC、TOEFL、Vocabulary、Reading を講義。『ソウル経済新聞』の『TIME』誌「主要記事転載」コラムの翻訳を担当。韓国教育放送公社の FM ラジオで TOEIC 講座を担当。1997 年 1 月から現在まで一度も休まずに TOEIC を受験し、その分析を続けている。

新 TOEIC® TEST 全力特急
絶対ハイスコア

2013 年 3 月 30 日　第 1 刷発行

著　者	濵﨑 潤之輔 Kim, Dae-Kyun
発行者	小島 清
装　丁	川原田 良一
本文デザイン	コントヨコ
イラスト	cawa-j ☆ かわじ
印刷所	大日本印刷株式会社
発行所	朝日新聞出版 〒 104-8011　東京都中央区築地 5-3-2 電話　03-5541-8814（編集）　03-5540-7793（販売） © 2013 Junnosuke Hamasaki, Kim, Dae-Kyun Published in Japan by Asahi Shimbun Publications Inc. ISBN 978-4-02-331178-7 定価はカバーに表示してあります。 落丁・乱丁の場合は弊社業務部（電話 03-5540-7800）へご連絡ください。 送料弊社負担にてお取り替えいたします。